# 大学生生命教育教程

主　编　刘　嵋
副主编　张先宗　秦玉学　孙亚林　杜柯萱
参　编　马骏明　王　冰　孙云飞　于春梅　王　祺
主　审　花景新

北京理工大学出版社
BEIJING INSTITUTE OF TECHNOLOGY PRESS

## 内 容 简 介

本教材依据《教育部关于加强普通高等学校大学生心理健康教育工作的意见》的精神，将课程内容按照现代教育理论和心理健康课程的最新发展重新构建。针对当代大学生普遍关注的生命价值与生命意义等问题，以心理学为基础理论，结合多学科知识，有针对性地指导大学生从生理、心理和社会环境等方面了解生命教育、生命价值观教育、大学生生命意识、自我意识、挫折教育、生命质量和人生规划等内容，从而更好地认识生命、珍惜生命、珍爱生命、尊重生命，发展健康人格。本教材内容分为理论篇和实务篇两部分。

本教材可以作为高校教学用书，也可以供其他读者自学参考。

版权专有　侵权必究

**图书在版编目（CIP）数据**

大学生生命教育教程/刘峨主编. —北京：北京理工大学出版社，2020.9
ISBN 978-7-5682-9119-4

Ⅰ. ①大⋯　Ⅱ. ①刘⋯　Ⅲ. ①生命哲学-高等职业教育-教材　Ⅳ. ①B083

中国版本图书馆 CIP 数据核字（2020）第 189775 号

---

出版发行 / 北京理工大学出版社有限责任公司
社　　址 / 北京市海淀区中关村南大街 5 号
邮　　编 / 100081
电　　话 / (010) 68914775（总编室）
　　　　　 (010) 82562903（教材售后服务热线）
　　　　　 (010) 68948351（其他图书服务热线）
网　　址 / http://www.bitpress.com.cn
经　　销 / 全国各地新华书店
印　　刷 / 涿州市新华印刷有限公司
开　　本 / 787 毫米×1092 毫米　1/16
印　　张 / 12　　　　　　　　　　　　　　　　　责任编辑 / 李慧智
字　　数 / 270 千字　　　　　　　　　　　　　　文案编辑 / 李慧智
版　　次 / 2020 年 9 月第 1 版　2020 年 9 月第 1 次印刷　　责任校对 / 周瑞红
定　　价 / 38.00 元　　　　　　　　　　　　　　责任印制 / 施胜娟

图书出现印装质量问题，请拨打售后服务热线，本社负责调换

# 前　言

近年来，我国大、中、小学生健康人格的发展以及部分学生存在不同程度的心理问题已经越来越多地引起我国教育部门和社会各界的关注。特别是2020年突然爆发的新型冠状病毒疫情，促使我们要更加关注广大大学生对生命的认识、思考与珍爱，加强大学生生命教育是我们教育工作者的使命与责任。

按照教育部印发的《关于加强普通高等学校大学生心理健康教育工作的意见》（2012年修订）的要求，为贯彻"心理健康教育要以课堂教学、课外教育指导为主要渠道和基本环节，形成课内与课外、教育与指导、咨询与资助紧密结合的心理健康教育工作的网络和体系"的精神，进一步推进我国大学生心理健康教育事业的发展，关爱大学生健康成长，我们编写了《大学生生命教育教程》一书。

本教材内容分为理论篇和实务篇两部分，共十一章。理论篇包括生命教育概述、生命价值观教育、大学生生命意识、大学生自我意识、大学生挫折教育、大学生生命质量和大学生人生规划七章。实务篇包括认识生命——大学生人格心理辅导、珍惜生命——大学生生活心理辅导、珍爱生命——大学生生命教育心理辅导、尊重生命——大学生生涯规划心理辅导四章。

班级团体心理辅导可以作为大学生生命教育的方式。班级团体心理辅导的实施方法和技术通常具有多样性、创造性、自发性、经验性和实验性的特点。在班级团体心理辅导活动中，通过师生互动、学生互动，改变过去填鸭式的课堂教学模式，激发学生的学习兴趣，挖掘学生各方面的潜力，让学生体验团队合作带来的快乐。

教师在授课时，理论篇和实务篇两部分内容可以互相穿插，即心理学理论和班级团体心理辅导两部分可以交叉进行。如新生刚入学时，可以进行班级团体心理辅导中的"赢在起跑线"活动。另外，当设计的班级团体心理辅导活动比较多时，授课教师可以根据学生需求及具体情况有选择地进行班级团体心理辅导活动，在活动中，要注意启发与引导学生，促使学生对活动设计的内容有所感悟，并且能够体验到学习知识的乐趣。

本教材在编写过程中得到了许多专家及同行的关心与支持。本教材由山东城市建设职业学院教授花景新主审，山东城市建设职业学院副教授刘嵋（编写第四、九、十、十一章）担任主编，山东城市建设职业学院教师张先宗（编写第八章理论及设计方案部分）、秦玉学

（编写第七章）、孙亚林（编写第八章活动实施部分）和杜柯萱（编写第一、五、六章及理论篇的目录章节部分）担任副主编，山东城市建设职业学院教师马骏明（编写第三章）、王冰（编写第二章）、孙云飞、于春梅、王祺（三位老师共同负责资料搜集、查询与整理、组织学生心理辅导活动等工作）参与编写，同时我们也借鉴和参考了最新的生命教育研究成果。

由于编者水平有限，加之编写时间仓促，书中疏漏之处在所难免，恳请大学生们和同行们批评指正。

刘崤

2020年6月

# 目 录

## 理论篇

**第一章　生命教育概述** ……………………………………………………（3）
　　第一节　生命的起源与发展 …………………………………………（3）
　　第二节　生命教育的阐释 ……………………………………………（6）
　　第三节　大学生生命教育 ……………………………………………（10）

**第二章　生命价值观教育** …………………………………………………（14）
　　第一节　价值观概述 …………………………………………………（14）
　　第二节　大学生生命价值观 …………………………………………（19）
　　第三节　树立正确的生命价值观 ……………………………………（22）

**第三章　大学生生命意识** …………………………………………………（26）
　　第一节　生命意识概述 ………………………………………………（26）
　　第二节　生命意识的唤醒 ……………………………………………（30）
　　第三节　正确看待死亡 ………………………………………………（34）

**第四章　大学生自我意识** …………………………………………………（39）
　　第一节　自我意识概述 ………………………………………………（39）
　　第二节　大学生的自我意识及其特点 ………………………………（42）
　　第三节　大学生自我意识的完善 ……………………………………（47）

**第五章　大学生挫折教育** …………………………………………………（51）
　　第一节　挫折概述 ……………………………………………………（51）
　　第二节　大学生挫折类型及分析 ……………………………………（54）
　　第三节　大学生应对挫折的途径 ……………………………………（57）

### 第六章 大学生生命质量 (63)

第一节 诚信与责任 (63)

第二节 学会感恩 (67)

第三节 追求幸福 (70)

### 第七章 大学生人生规划 (74)

第一节 时间规划与管理 (74)

第二节 合理的人生目标 (78)

第三节 实现人生规划的途径 (81)

## 实务篇

### 第八章 认识生命——大学生人格心理辅导 (87)

第一节 人格心理辅导概述 (87)

第二节 人格心理辅导活动 (89)

### 第九章 珍惜生命——大学生生活心理辅导 (118)

第一节 生活心理辅导概述 (118)

第二节 生活心理辅导活动 (119)

### 第十章 珍爱生命——大学生生命教育心理辅导 (150)

第一节 生命教育心理辅导概述 (150)

第二节 生命教育心理辅导活动 (152)

### 第十一章 尊重生命——大学生生涯规划心理辅导 (161)

第一节 生涯规划心理辅导概述 (161)

第二节 生涯规划心理辅导活动 (167)

**参考文献** (184)

理论篇

随着时代的进步和社会的发展，大学生生命教育备受人们的关注，学校的心理健康教育也应该渗透生命教育。

学校心理健康教育的目的是维护学生的身心健康和关爱学生心灵的成长，生命教育理论课程涉及的内容很多。在本书中，主要涉及生命教育概述、生命价值观教育、大学生生命意识、大学生自我意识、大学生挫折教育、大学生生命质量和大学生人生规划七部分内容。在本书中，将生命相关知识与大学生的心理健康联系在一起，其目的是帮助大学生增强生命意识和提高生命质量，更好地理解生命价值观、生命教育和挫折教育的意义，促进自我意识和人生规划能力的提升。

# 第一章 生命教育概述

【学习目的】
- 了解生命的含义、起源和构成,认识生命的特征。
- 掌握生命教育的概念和心理学基础,了解生命教育的发展。
- 了解大学生生命教育的意义、特点和原则。

## 第一节 生命的起源与发展

生命是大自然的馈赠,是大自然不断演变的结果,一棵小草、一只兔子、一个人都是生命的承载者,一个个体的生命只有一次,是最宝贵的存在。

### 一、生命的含义和起源

#### (一)生命的定义

不同的学科对生命有不同的定义。医学上认为生命是生物活着的状态。生物学上认为生命是由高分子的核酸蛋白体和其他物质组成的生物体所具有的特有现象,能利用外界的物质形成自己的身体并繁殖后代,按照遗传的特点生长、发育、运动,在环境变化时,常表现出适应环境的能力。哲学上认为生命是生物的组成部分,是生物具有生存发展的性质和能力,是一种生存发展的意识。

根据不同的观点,我们将生命广义地定义为一切具有新陈代谢能力、繁殖能力、生长能力和环境适应能力的动植物和无机物的统一体;狭义的定义指的是人的生命。

#### (二)生命的含义

生命教育是源于对生命的热爱,因此我们首先要了解生命的含义。

1. 生命是有限和无限的统一

人的生命是有限的,并且具有不可逆性,就如"开弓没有回头箭"一样,只能一路向前。但是人的意识和精神是无限的,我们要在有限的生命中去做无限有意义的事情,将生命的有限推向永恒的无限。

2. 生命是物质和精神的统一

生命首先是依托肉体而存在的,但是人之所以成为人,是因为人具有精神。当精神生命形成的时候才算是人的完整的生命。肉体与精神是相辅相成的，肉体是基础，而精神统一着完整的生命。

3. 生命是理性和非理性的统一

理性主要是指与感性相对的各种自觉认识，一般比较客观且具有逻辑性；非理性是指人的感性认识及非逻辑的认识形式。人是唯一同时具有理性和非理性特性的存在物。

### （三）生命的起源

生命是一个由低级向高级进化的过程，人类的生命更是如此。一般认为在2 300万年至1 800万年前，在热带雨林地区和广阔的草原上，生活着一种古代灵长类动物——猿，它们是人类最早的祖先。后来它们在漫长的岁月中不断进化，演变为现在的人。关于生命起源的假说可归结为两类：一类是"化学进化论"，另一类是"宇宙胚种论"。

1. 化学进化论

生命是在原始地球条件下从无机到有机、从简单到复杂的一系列化学进化过程。生命的化学进化过程可分为四个阶段：从无机小分子生成有机小分子，从有机小分子形成有机大分子，从有机大分子组成能自我维持稳定和发展的多分子体系，从多分子体系演变为原始生命。

2. 宇宙胚种论

地球上最初的生命是来自地球以外的宇宙空间，只是后来才在地球上发展起来。在第十次生命起源国际会议上，有人提出"造成化学反应并导致生命产生的有机物，是与地球碰撞的彗星带来的"。尽管诸如此类的观点尚须进一步证明，但通过对陨石、彗星、星际尘云以及其他行星上的有机分子的探索与研究，了解那些有机分子形成与发展的规律，并将其与地球上的有机分子进行比较，都将为地球上生命起源的研究提供更多的资料。

## 二、生命的构成

人的生命由物质因素、精神因素和社会因素构成，具有自然和社会的双重属性。生命的自然活动主要包括新陈代谢、生长、发育、遗传、变异、感应、运动等。生命的社会活动主要包括感知社会、角色扮演、人际交往、求学择业、社会竞争等。社会属性是人最主要、最根本的属性，它是决定人之所以是"人"的最根本的东西。下面我们从物质生命、精神生命和社会生命三个维度来剖析生命的构成。

### （一）物质生命

每个生命个体通常都要经历出生、成长和死亡的过程。物质生命即自然，是一切生物体得以存在的根本前提，人的生命作为一种生物体生存，也是一种物质生命，人和其他动物一样，也有生存的物质需求，如对水、食物、空气等的需求。正是这种物质生命体的存在，构成了人一切活动的基础，同时也是人一切活动最为基本的前提。

马克思主义认为："人们个体生存和人类社会存在和发展都离不开物质生活和物质利益

的满足，都有对物质需要和物质利益的追求。"人们为了创造历史就必须要生活。人的物质生命的存在是人存在的基础和先决条件，是人作为高级生命存在的物质前提，没有这个基础和前提，人的精神生命和社会生命就无从谈起。从这个意义上来说，人应当首先关注和保全的是物质生命，这样其他生命因素才有坚实的物质基础和依托。

### （二）精神生命

精神生命是相对于物质生命而言的。人之所以为人，就在于人不仅仅是为了满足自己的物质生命而活着，还要追求超越物质生命的精神生命。也就是说人除了吃穿住行用之外，还需要与其他人建立情感联系，希望受到他人的尊重，追求实现自己的能力或潜能，并使之完善化等一系列心理上的需要。人的这些心理上的需要就是精神需要。

正是由于有了精神生命，才使人的生命有了人文意义和价值；正是由于有了精神生命，才使人的生命有了感性的意蕴和诗性的光辉；正是由于有了精神生命，才使人的生命蕴含着道德的升华和价值的提升；正是由于有了精神生命，才使人的生命超越了有限，走向了永恒。可以说，精神生命让人超越动物，也是人之所以为人的关键所在。

### （三）社会生命

社会生命是指人的生命具有社会性。人是社会动物，任何人都不能脱离社会而存在。人的存在不是孤立的，而是处在一定的社会关系之中，所以人是一个社会性的存在，人的本质是一切社会关系的总和。社会性是人作为集体活动中的个体或社会的一员而活动时所表现出的有利于集体和社会发展的特性。

人的社会性具体表现在以下几点：首先，作为生活在社会中的人必定会受到社会制度、伦理规范、价值取向、文化传统等因素的影响与制约；其次，人不能脱离社会共同体而孤立、单独地存在，正如人一出生就具有自然属性一样，人一出生也一定处于特定的人类群体和社会中，并与其建立这样或那样的联系；最后，作为一个社会生命，人与人之间的交往是个体发展和社会发展的必要条件，交往的存在既是社会关系的实现，也是人际关系的实现，人类是群居的社会动物，人类活动的显著特征就是交往性。

人的生命是物质生命、精神生命和社会生命的统一体。在构成生命的三个维度中，人的物质生命是基础和前提。生命的这三个维度并不是孤立的，而是紧密地联系在一起，并共存于一个生命体中，舍弃任何一个，人的生命都是不完整的；舍弃任何一个，人就不能称得上是完全意义上的人。

## 三、生命的特征

一般来说，生命具有以下特征：

### （一）时间性

生命是以时间的形式存在的。对于生命体来说，时间是其生命的真正本质，是意义所在。如何充分利用时间实现生命的价值是每个人都需要思考的问题。虽然一个人生命的价值不取决于时间的长短，但是生命价值的创造需要依靠时间的延续来实现。

### （二）独特性

生命是有同质性的，正因为如此，不同的生命个体之间才可以沟通和交流；但是正如世界上没有两片完全相同的树叶一样，世界上也不可能存在两个完全相同的生命个体。人的遗传素质具有差异性，这种差异性表现在体态、感官及神经活动类型等生理因素上。人生活的后天环境也会影响人的思维、精神和个性等，从而使人产生独特性。

### （三）变化性

生命是一个变化的存在，每时每刻都在发生变化，这一秒的身体状态与上一秒的身体状态不会完全相同，但人们又不能每时每刻都意识到这些变化。

### （四）复杂性

生命是复杂的，有各方面的需要、感觉、认知、情感、体验、意志等。生命不可能单独地分离出它的昨天、今天和明天，它是一个整体的过程，是一种融合的前进。作为生命个体对自己的生命却无法尽述，人类文化经过了几千年的积淀，对生命的探索性认识也发展了几千年。

## 第二节 生命教育的阐释

生命教育是直面人生命的教育，其目标在于让人们认识生命、了解生命，懂得敬畏生命、珍惜生命，学会积极生存、健康生活、独立发展，实现自我生命的最大价值。

### 一、生命教育的概念

生命教育，顾名思义与生命有关的教育，是以生命为核心，以教育为手段，倡导学生认识生命、珍惜生命、尊重生命、爱护生命、发展生命的一种教育活动，帮助学生提升生命质量、获得生命价值。生命教育能够唤醒学生的生命意识，让学生认识生命和珍惜生命是生命教育的重中之重。

生命教育有狭义和广义两种。狭义的生命教育指的是对人生命本身的关注，包括个人与他人的生命，进而扩展到一切自然生命的教育。广义的生命教育是一种全人类的教育，它不仅包括对生命的关注，还包括对生存能力的培养和生命价值的提升。

### 二、生命教育的发展

生命教育最早于1968年正式提出并实践，然后由美洲、大洋洲、欧洲再扩展至世界各地。我国于20世纪90年代引入生命教育，其最早出现在台湾地区，并且在理论研究和课程实践上都取得了显著成就。后经由部分学者的呼吁和政府部门的支持，我国的生命教育得到进一步发展，现已成为国家战略和社会普遍关注的议题。

### (一) 生命教育在国外的发展

生命教育在美国起源并向世界其他国家和地区辐射发展，是一个借鉴、转换和继承、创新的过程。在美国，生命教育最突出的特点就是与"死亡教育"融为一体。20世纪90年代，美国中小学的生命教育已基本普及。目前美国的生命教育大致分为人格教育、迎接生命挑战的教育和情绪教育三类。

1979年，澳大利亚成立了"生命教育中心"，这是西方国家最早使用生命教育这一概念的机构，该中心已成为一个正式的国际性机构，是联合国的"非政府组织"中的一员。澳大利亚非常重视悲伤教育，并于1977年成立了"全国失落与悲伤协会"，每年以不同的主题开展"失落与悲伤"活动，旨在思考诸如"如何处理日常生活中遇到的各种丧失，不断积累经验以期能够更有智慧地处理更大丧失时悲伤的过程"。

英国的生命教育直接源自澳大利亚。1986年威尔士王子访问澳大利亚之后，在英联邦14个地方都建立了沿袭澳大利亚"生命教育中心"的慈善性机构。英国生命教育是一种全民培养与全民关怀的教育，以学生灵性、道德、社会和文化的发展为目标，虽然它和公民教育名称有异，但在教育理念、内涵外延和追求的目标等许多方面一致，是围绕并伴随公民教育一起产生和发展起来的。

德国对生命教育的理解是"死亡的准备教育"和"善良教育"。"死亡的准备教育"重在引导人们以坦然、明智的态度面对死神的挑战；"善良教育"重视对学生善良品质的培养，主要内容有爱护动物、同情弱者、宽容待人和唾弃暴力。在实现途径上，德国生命教育以课堂教学为主要渠道，通过学科渗透的方式，辅之以社会实践活动，在不同学科和不同形式的教学中体现。

### (二) 生命教育在国内的发展

台湾地区的生命教育始于1976年，起初是由社会民间团体从日本引入的，在各民间团体的主动参与并推广下，生命教育渐成气候，并逐步扩大。台湾学者认为：台湾生命教育主要缘由在于大学生呈现的一种不健康的行为取向——不知爱惜自己、颓废、消极、常有践踏生命的偏激行为。台湾生命教育计划以高中学生为优先对象，逐年推广到小学及大学。此外，许多高等院校和教育研究机构也主动参与，进行理论与实践研究，对推进台湾地区生命教育的发展起到了重要的引领和提升作用。台湾教育当局十分重视生命教育，规定中小学成立"生命教育中心"，负责研究生命教育的内容、途径与方法，并研制生命教育教材。

香港的生命教育与社会、经济问题有着密切的联系。新世纪来临时，香港发生了不少新的变化。面对猝然而至的变化，一些人没有相应的心理准备，从而产生消极、颓废的心理，甚至屡屡发生自杀事件。香港的生命教育，其价值取向以人和人的生命为本，其目的是培养学生在理智、情感、意志和身体各方面的均衡发展。课程围绕如何帮助学生认识自我、肯定自我、实现自我、理解生命、把握生活的内涵而设置；教育方法采取符合青少年身心发展特点的多样化教学，引起了很好的社会反响。

从20世纪90年代开始，生命教育逐渐成为我国内地的热点议题，大致经历了4个相对区分的阶段。教育忧思与本土探索阶段：基于对教育问题的忧虑和反思，20世纪90年代我国内地开始关注生命及其与教育的内在关系；学术阐释与学科界定阶段：2000年哲学界和教育界对生命教育的理论阐释和课程探究的讨论一发而不可收；理论热兴与实验探求阶段：自2004年始，生命教育在我国内地迎来了繁荣的发展期，这个时期理论界与实践界相互支持、相互促进，大量学术文章、著作和教材竞相发表和出版，各类年会、论坛相继举行，争芳斗艳，实践推广和课程开发也如火如荼地进行；国家战略与全新发展阶段：2010年，国务院发布了《国家中长期教育改革和发展规划纲要（2010—2020年）》，明确指出要重视生命教育，这标志着生命教育正式上升为国家教育发展战略；2011年，中国人生科学学会全国生命教育工作委员会主办的"2011年全国生命教育大会"在云南昆明召开；2012年，首届国际生命发展论谏暨全球志工领袖峰会在香港召开；2013年，中国陶行知研究会生命教育专业委员会正式宣布成立。

## 三、生命教育的心理学基础

社会学、教育学和心理学多个领域的学者都在研究生命教育，在此我们重点关注生命教育的心理学基础。

### （一）发展心理学

发展心理学研究个体从受精卵开始到出生、成熟，直至衰老的生命全程中心理的发生、发展的特点和规律。

埃里克森认为个体在一生中会经历8个阶段而每个阶段都有其特定的发展任务，发展得成功就会形成积极的品质，发展得不成功则会形成消极的品质。埃里克森提出心理发展的8个阶段包括：婴儿期的基本信任与不信任冲突；儿童期的自主与害羞冲突；学龄初期的主动与内疚冲突；学龄期的勤奋与自卑冲突；青春期的自我同一性与角色混乱冲突；成年早期的亲密与孤独冲突；成年期的生育与停滞冲突；成熟期的自我调整与绝望冲突。

皮亚杰以人的思维发展为基础将人的心理依次划分成4个阶段：感知运算阶段、前运算阶段、具体运算阶段和形式运算阶段。不同的心理阶段有着不同的思维和人格特点，但任何阶段都必须以生命的存在为基础。

除了埃里克森、皮亚杰的阶段论，还有很多著名的心理学理论，如班杜拉的社会学习理论、科尔伯格的道德发展阶段理论等，都对发展心理学产生了重要影响。

### （二）人本主义心理学

20世纪中叶，源于美国的人本主义心理学逐渐发展起来并在国际上产生了广泛的影响。人本主义心理学派对人性持积极乐观的态度，强调人的尊严与价值，主张研究正常的人；不仅要发掘人的心理潜能，还要研究人的热情、信念和生命尊严等高级心理，促进人的自我实现。

人本主义心理学家从现象学的观点出发，在研究中采用开放性模式，要求直接面对现实问题，不求证明，而求发现；不排斥客观性，但强调主观性；不忽视外部因素，但重视人的内在体验，如感情、态度、信念、价值、抱负等。心理学的研究对象不再仅仅是实验室中的实验品，而是现实生活中的人。在当代社会条件下，人本主义心理学有其独特贡献。它强调人的利益、价值及个人的尊严和自由。人被视为一种自由的力量，有能力选择自己所愿意的任何行动路线。由于有这种自由，个人必须对自己的行为负责。这些观点为生命教育提供了新的思考路径和实践方向。其中有些教育思想也成为生命教育理论的一部分，为生命教育提供了理论基础。

## 四、"三生教育"

"三生教育"，即生命教育、生存教育和生活教育，是培养人的正确的生命观、生存观和生活观的教育活动过程。"三生教育"是人性教育，是人生观和价值观的教育，它不是一门学科的教育，而是渗透到各门学科的教育理念和教育实践，是渗透到学校教育、家庭教育、社会教育之中的通识教育。

### （一）生命教育

"三生教育"中的生命教育是为了使学生认识个体的自我生命和他人的生命，认识生命的生老病死过程，认识自然界其他物种的生命存在和发展规律，最终树立正确的生命观，领悟生命的价值和意义。生命教育要以个体的生命为着眼点，在与自我、他人、自然建立和谐关系的过程中，促进生命的和谐发展。生命教育是一个过程，是应该终身接受的教育。教育的实施主体是人，教育的起点和终点是人的生命发展和生命价值的实现。生命教育是全社会、全人类不分国家、民族，不分阶层，不分年龄都应该接受的教育。

### （二）生存教育

生存是对生命存在的证明。人和动物都要生存，区别在于动物只靠本能生存，而人靠本能和智能生存。生存能力的教育主要是向学生传授生存的知识和经验，有目的、有计划地培养人的生存意识、生存能力和生存态度，树立科学的生存价值观。生存教育主要是对人的适应能力、独立能力、共生能力、选择能力和意志力的教育。通过生存教育，能够提高人的适应环境的能力，包括适应社会环境、自然环境，适应学习环境、职业环境、生活环境的能力；能够培养人的独立人格和独立生存的能力，提高人的社会化程度，使其融入社会，与其他社会成员共同生存和发展；能够培养人的选择能力，在复杂的社会环境中和不同的人生经历过程中，做出适合自己的选择，并为自己的选择负责。意志力在实现所选择目标中起着至关重要的作用。很多人在生存过程中自暴自弃，甚至失去生命，就在于没有坚强的意志力，不能积极面对现实、面对困难、面对挑战。生存教育必须要进行意志力的培养，增强生存意志力，不但要适应生存，更要挑战生存。

### （三）生活教育

人和动物都要生存，但只有人有生活。从广义上讲，生活是人的生命活动过程，是人在生存过程中各种活动的总称。这里讨论的生活，是生命的高级活动，是生存的升华和更高境界，是区别于生存又与生存紧密联系的生命活动的高级阶段。当今一些人缺乏起码的生活信仰和良好的生活习惯；物质匮乏导致精神贫困，物质富有却不能让精神富有。这就更需要进行生活教育。生活教育主要是培养生活信仰，增强生活智慧，转变生活方式，培养生活习惯，创造幸福生活。生活教育能够使人认知生活、热爱生活、创造生活和幸福生活，最重要的是培养理性生活信仰，使人有"生之信，活之仰"，树立正确的生活观和具有对美好生活的无限向往。生活信仰是一切信仰的基石，是人生观的灵魂。生活信仰的教育在于使人追求殷实的物质生活、丰富的文化生活和高贵的精神生活，不断提高生活品质。生活教育要转变人们的生活方式，从愚昧转为文明，从落后转为先进，从低品位转为高品位，使人们过上自然、生态、简约、高雅、文明、和谐的生活。生活教育培养人良好的生活习惯和规则意识，使人的生活具有灵魂自由和意志自律。生活教育使人认知、发展和实现对生活的创造潜能，创造自己的职业生活、家庭生活和社会生活，丰富自己的物质生活和精神生活，肩负起生活的责任。

生命、生存和生活教育相互联系又相互区别。生命教育是基础，生存教育是过程，生活教育是目标，形成生命教育—生存教育—生活教育—生命教育的人生教育周期律。生命教育、生存教育和生活教育既是三个具有明显边际、层次分明的范畴定义，又是具有密切联系的生命活动的整体教育过程，有利于在不同的年龄阶段和不同的社会群体中进行不同内容和不同层次的生命、生存、生活教育。

## 第三节 大学生生命教育

大学时期是生命的转折点。人们普遍认为，大学生应该是充满信心和活力的，他们文化道德素质较高，经历了千军万马过独木桥般的高考，有较强的心理承受能力。可近年来，关于大学生自杀和他杀等恶性事件的报道层出不穷，此类事件的频繁发生，反映了大学生在遇到问题时往往选择逃避，容易走极端，对生命的认识极为淡薄。也正因为如此，高校应当开设大学生生命教育课程，以教会大学生关注生命、关爱他人。

### 一、大学生生命教育的意义

大学生生命教育是大学生身心健康成长的有效保障，也为大学生的成长、成才奠定了基础，让大学生学会认知生命，实现自我人生价值和意义。

### （一）构建社会主义和谐社会的客观需要

近年来，大学生生命意识淡薄的现象日趋严峻，这与当前我国构建社会主义和谐社会的要求形成了极大的反差。因此，对大学生开展生命教育正在成为现在乃至将来高等教育的一个重要课题。泰戈尔说过："教育的目的应当是向人类传送生命的气息。"对大学生开展生命教育，是教育学生理解生命的真正意义，将自己的生命融入社会之中，树立起积极健康、乐观进取的生命价值观，并且能够与他人、社会、自然建立良好的互动关系，不断地提升生命质量。

### （二）回归教育本质的需要

教育的本质是回归人，其根本目的在于完善受教育者的人格，即塑造受教育者的健全人格，促使受教育者健康成长，引导受教育者正确对待逆境和挫折，使之不断地趋于完美。传统的应试教育存在着许多弊端，例如，重知识的传授而轻能力的培养，重人格的教育而轻人格的养成，这些结果与教育的本质是相违背的。

因此，现代教育要革除应试教育中的弊端，不能仅仅只着眼于智力开发，而应促进大学生全面发展。现代教育要培养大学生珍惜生命、理解生命的意识，并帮助他们提升生命的质量。一个人的生命质量与其人格是息息相关的，健全的人格是其全面发展的基础。因此，只有重视大学生生命教育，充分发挥教育的功能，回归教育本质，才能促进大学生的全面发展。

### （三）引导大学生珍惜生命、热爱生命的需要

生命对于每个人都只有一次，它不因贫富贵贱而有区别，生命弥足珍贵。大学生既要珍惜肉体的生命，又要珍惜精神的生命；既要珍惜生命的结果，又要珍惜生命的过程；既要珍惜人类自身的生命，又要珍惜世界万物生灵的生命。珍惜生命不仅需要大学生尽可能多地学会应对各种突发事件的技巧，而且更为重要的是需要他们具有珍惜生命的智慧和信念。

### （四）引导大学生敬畏生命、尊重生命的需要

敬畏生命、尊重生命就是敬畏和尊重生命的价值，因为它是一切价值判断的前提和基础。就个体而言，生命的丧失就意味着一切的终结。人对生命的关注，其终极指向便是个体生命的价值。英雄之所以被世人尊崇，是因为他们在自己生命的历程中创造了超出凡人的人生价值。开展大学生生命教育，就是引导大学生敬畏生命、尊重生命，在自己的生命历程中为国家、社会和他人创造出更多的生命价值。

### （五）大学生健康成长、成才的需要

一个和谐的个体生命，是身心健康的统一体。大学生是社会主义现代化的建设者和接班人，是家庭、社会和国家的未来。大学生如果不懂得生命的可贵，身心不健康，将会给国家、社会和家庭带来不可估量的损失。大学生正处在人生观、价值观形成的关键时期，又面临学习、生活、就业、情感等多方面的压力，如果对生命缺乏正确的理解，就容易以消极或极端的方式来对待自己或他人的生命。

## 二、大学生生命教育的特点

### （一）教育对象的特殊性

大学生生命教育的对象是大学生群体，大学生正处于青年期，从生理层面来看已基本具有成年人的各种生理机能，心智也在不断成熟；但从心理层面来看还容易产生心理困惑和心理问题。大学生的生理发育与心理发展是不协调的。在此影响下，虽然大学生逐渐具有了丰富的社会经验，独立生活能力和人际交往能力也在不断提高，但其在生活和交往中也很容易出现自我中心感较强、不懂得尊重他人、缺乏集体团结协作意识、承受挫折和困难的能力差等问题。同时，他们对生命的认识、对生命意义和价值的思考都很迷茫。不过，大学生与其他同龄人相比，又有着较高的素质、较高的自我价值要求、较强的社会责任感。这就决定了高校在开展大学生生命教育时，必须要深入分析大学生的特点，确保教育的内容、教育的方式等符合大学生群体的特点。

### （二）教育内容的广博性

大自然中各种各样的生物的生命结构是不尽相同的，因此人们在对生命进行认知、理解与把握时，很容易出现差异。大学生正处于对各科和各类知识从了解到深入研究的阶段，因此在对大学生进行生命教育时，应注意使大学生能够从不同的层面、不同的阶段、不同的关系中把握和理解生命。大学生生命教育的内容必须是广博的，只有这样，大学生才能够从更多层面学习与实际生活联系紧密的知识，提高自我生命意识。

### （三）生命教育的目的性

大学生生命教育的目的性，指的是高校开展大学生生命教育是为了实现某一目的，即培养和引导大学生热爱生命、珍视生命来构建健全人格，以及开发生命潜能、培养人生智慧，为大学生提高生命质量、实现人生价值和终身幸福奠定基础。不论是组织大学生生命教育的内容，还是选择大学生生命教育的形式和方法等，都必须始终围绕大学生生命教育的目的来进行。只有这样，才能培养出智慧和灵魂兼备、激情和理性互补、技能和道德兼具的人格健全的大学生，才能最终实现大学生生命教育的目的。

### （四）教育形式的多样性

对大学生这一群体要开展多种多样的教育形式，将生命教育与学校教育、家庭教育、社会教育相结合。不仅要在课堂上讲述生命教育的理论知识，而且要将理论知识与社会实践相结合。从大学生关注的事件出发，开展多样的教育形式，不完全局限于课堂环境，让大学生深入各种社会实践中，使其对生命及其意义有更高层次的理解；加强责任意识教育，使其真正学会尊重生命、珍爱生命，创造生命的价值，实现人生意义。

## 三、大学生生命教育的原则

在开展大学生生命教育时，要确保收到良好的教育效果，而且必须要遵循一定的原则。

### （一）差异性原则

大学生生命教育的对象是大学生，而大学生在经济背景、家庭环境、身心发展、知识基础、学习技能、人际关系处理能力等方面存在较大差异，因此高校在开展大学生生命教育时，必须在遵循总体框架结构的前提下，针对大学生的实际情况，选择有针对性的生命教育内容。此外，各个高校的具体发展情况以及高校所在地区的经济发展状况，也要求大学生生命教育必须遵循差异性原则。

### （二）情感性原则

大学生生命教育的情感性原则，主要包括以下三方面内容：

（1）高校在开展大学生生命教育时，由于所面对的是鲜活的个体，因而既要关注生命外在的显现，也要关注大学生内在的情感需求，教育和引导大学生有效发展积极情感，及时宣泄不良情感。

（2）高校在开展大学生生命教育时，要引导大学生与教师进行积极的情感交流，使大学生切实意识到教师对他们的热爱与期望。这对大学生在遇到各种问题时积极寻求教师的帮助，有着重要的推动作用。

（3）高校在开展大学生生命教育时，要积极培养大学生丰富的生命情感，引导大学生树立正确的情感观，获得情感体验，养成健康的情感意识。

### （三）超越性原则

大学生生命教育的超越性原则指的是高校在开展大学生生命教育时，要积极唤醒大学生的超越性意识，引导大学生追求生命的价值，实现自我的超越，提升生命的意义。也就是说，在大学生生命教育过程中，要让大学生在认可自己的存在、认识生命具有不稳定性的前提下，积极追求、实现自己生命存在的价值。超越性原则就是要求大学生生命教育要注意引导大学生在日常生活中积极思考，不断反思自己的不足，明确自己的人生目标和发展方向，从中体会自己存在的价值与意义，实现自我超越，创造生命价值。

【思考题】

1. 怎样理解生命的内涵和特征？
2. 简述生命教育的概念和生命教育的发展。
3. 如何理解大学生生命教育的意义、特点和原则？

# 第二章 生命价值观教育

【学习目的】
> 正确认识价值观与生命价值观的含义。
> 了解大学生生命价值观的现状与影响因素。
> 分析探讨如何树立正确的生命价值观,进行科学的生命价值观教育,让大学生真正了解人生价值。

## 第一节 价值观概述

### 一、大学生的"三观"教育

大学生在大学期间树立正确的"三观"非常重要,对未来人生发展有很重要的意义。"三观"分别是世界观、人生观和价值观。

#### (一)世界观

世界观就是人们对生活在其中的世界以及人与世界的关系的总体看法和根本观点。

#### (二)人生观

人生观是世界观的重要组成部分,是人们在实践中形成的对于人生目的和意义的根本看法,它决定着人们实践活动的目标、人生道路的方向和对待生活的态度。

人生观包括三方面内容:人生目的、人生态度和人生价值。要回答三个问题:人为什么要活着?应该有怎样的人生态度?如何评价人生价值?

1. 人生目的(核心)

人生目的决定人生道路。人生目的是指生活在一定历史条件下的人,对"人为什么活着"这一人生根本问题的认识和回答。

人生目的决定持什么样的人生态度。正确的人生目的可以使人树立正确的人生态度,即自信、进取、积极有为的人生态度,能充分发挥个人的主观能动性;错误的人生目的导致错误的人生态度,即消极无为、无益于社会的人生态度。持有错误的人生目的的人常以享乐、悲观、实用、实惠和玩世不恭的态度对待世事。人生目的决定人生价值标准的选择。正确的人生目的促使人选择正确的人生价值标准——人生的价值在于奉献，错误的人生目的导致人选择错误的人生价值标准——人生的价值在于索取。

2. 人生态度

人生态度是指人们通过生活实践所形成的对人生问题的一种稳定的心理倾向和基本意图。人生态度是人生观的重要内容，一个人的人生观决定其人生态度；有什么样的人生态度又会反过来对人的世界观和人生观产生重要影响。人生态度是人生观的表现和反映。

3. 人生价值

人生价值是指人的生命及其实践活动对于社会和个人所具有的作用和意义。

人生价值是人生观体系中的一个重要范畴，价值"具体"在人生观领域中表现。人生价值包含自我价值和社会价值。一个人只有满足对人生价值的自我肯定，才能获得社会的认可。

### （三）价值观

1. 价值

价值是指一事物对主体的积极意义（共性）。从经济学角度来说，价值是指商品中凝结的人类一般劳动，反映的是生产中人们之间的关系；从哲学角度来说，价值是主体与客体之间满足与被满足的关系。

2. 人生价值

人生价值是指个体人生实践者一生的实践活动之效用满足个体自身和他赖以生存、发展并为之服务的社会需要的价值关系。

（1）社会价值在于创造价值，个人对社会的责任和贡献（奉献）。

（2）自我价值在于社会对个人的尊重和满足（索取）。

（3）人生价值是社会价值和自我价值的统一。

3. 价值观

价值观是人们关于什么是价值、怎样评判价值、如何创造价值等问题的根本观点。

（1）价值观的含义是人们对事物价值的总的看法和根本观点。

（2）价值观是一种社会意识，对社会存在具有反作用。

（3）价值观具有驱动、制约和导向作用。

## 二、价值观的含义

### （一）什么是价值观

价值观是在人的思维基础上，对人、事、物的价值作用做出认知、理解、是非判断或者选择。一个人的价值观影响、制约和指导着人们的实践活动，对个人发展有着重要作用，也对社会发展有一定影响。

## （二）价值观的特点

1. 稳定性、持久性

价值观是随着人们的认知水平逐步发展形成的，在特定时间、地点等条件不变的情况下，人们对某个事物的看法和评价不会发生改变，人的价值观具有相对的稳定性和持久性。

2. 主体性

人们对待人和事物的看法与评价标准取决于其自身的需要，按照个人内心的尺度进行衡量，通过主体特有的和个性化的立场、态度、兴趣等表现出来，带有比较浓厚的主观色彩。

3. 历史性、选择性

一个人价值观的形成从出生开始，会受到父母、家庭、学校、电视、书籍、网络、社会环境等的影响。在不同的历史年代、不同的社会环境下，人们的价值观是不同的。

## （三）价值观的作用

价值观反映人的自我认知和需求状况，价值观是人们对客观世界及行为结果的评价和看法，从某个方面反映了人的世界观和人生观，反映了人的主观认知世界。

价值观对动机有重要的导向作用，对人们自身行为起到定向和调节作用。价值观不同的人，在同样的客观条件下，动机模式不同，行为表现也会不同。

价值观对人们认识世界和改造世界的活动具有导向作用，对人生道路的选择具有重要的导向作用。

# 三、价值观的研究

对价值观较著名的研究有 G. 奥尔波特等人的价值观研究、M. 莫里斯的生活方式问卷、M. 罗基奇的价值调查表以及阿尔波特、弗农、林赛等人在《价值观研究》中提出的六种理想价值类型等。

## （一）生活方式问卷

生活方式问卷由 M. 莫里斯于 1956 年提出，共包括 13 种生活方式，分别用 13 段长短相近的文字描述，各种生活方式所强调的内容不同，其重点有以下几种：

（1）保存人类最高的成就。个人参加其社区中的群体生活，其目的不是为了要改变它，而是为了要了解、欣赏和保存人类所已成就的最好的东西。

（2）培养独立性。一个人必须避免依赖他人或外物，生命的真谛应从自我中体验。

（3）对他人表示同情和关切。以对他人的关怀和同情为中心，温情是生活的主要成分。

（4）轮流体验欢乐与孤独。在美好的生活中，孤独与群处都是不可缺少的。

（5）在团体活动中实践和享受人生。个人应该参加社群团体，享受友谊与合作，以求实现大家的共同目标。

(6) 经常掌握变动不定的环境。一个人应经常强调活动的必要，以谋求现实地解决、控制世界与社会所需要的技术的改良。

(7) 将行动、享乐与沉思加以结合。

(8) 无忧、健康地享受生活。

(9) 人生中那些美好。

### (二) 价值调查表

价值调查表由罗克奇于1973年提出。他的价值系统理论认为，各种价值观是按一定的逻辑意义联结在一起的，它们按一定的结构层次或价值系统而存在，价值系统是沿着价值观的重要程度的连续体而形成的层次序列。因此他提出了以下两类价值系统：

1. 终极性价值系统

终极性价值系统用以表示存在的理想化终极状态或结果，包含的内容有：舒适的生活、振奋的生活、成就感、和平的世界、美丽的世界、平等、家庭保障、自由、幸福、内心平静、成熟的爱、国家安全、享乐、灵魂得到拯救、自尊、社会承认、真正的友谊和智慧。

2. 工具性价值系统

工具性价值系统是达到理想化终极状态所采用的行为方式或手段，包含的内容有：有抱负、心胸宽广、有才能、快活、整洁、勇敢、助人、诚实、富于想象、独立、有理智、有逻辑性、钟情、顺从、有教养、负责任、自控和仁慈。

罗克奇的价值调查表中所包含的这18项终极性价值系统和18项工具性价值系统，每种价值后都有一段简短的描述。施测时，让被试者按其对自身的重要性程度对两类价值分别排序，将最重要的排在第1位，次重要的排在第2位，以此类推，最不重要的就排在第18位。用这个价值调查表可以测得不同的价值在不同的人心目中所处的相对位置或相对重要性程度。罗克奇的价值调查表的优点在于，它是在一定的理论框架指导下编制而成的，其中包括的价值项目较多且简单明了，便于被试者掌握，施测也较容易。同时，这种研究方法是把各种价值观放在整个系统中进行的，因此更体现了价值观的系统性和整体性的作用。

### (三) 等级分类

人们的生活和教育经历各不相同，因此价值观也多种多样。行为科学家格雷夫斯为了把错综复杂的价值观进行归类，曾对企业组织内的各式人物做了大量调查，就他们的价值观和生活作风进行分析，最后概括出以下七个等级：

第一级，反应型：这种类型的人并未意识到自己和周围的人类是作为人类而存在的。他们是照着自己基本的生理需要做出反应，而不顾其他任何条件。这种人非常少见，实际等于婴儿。

第二级，部落型：这种类型的人依赖成性，服从于传统习惯和权势。

第三级，自我中心型：这种类型的人信仰冷酷的个人主义，自私和爱挑衅，主要服从于权力。

第四级，坚持己见型：这种类型的人对模棱两可的意见不能容忍，难于接受不同的价值观，希望别人接受他们的价值观。

第五级，玩弄权术型：这种类型的人通过摆弄别人、篡改事实，以达到个人目的，非常现实，积极争取社会地位和社会影响。

第六级，社交中心型：这种类型的人把被人喜爱和与人相处看得重于自己的发展，受现实主义、权力主义和坚持己见者的排斥。

第七级，存在主义型：这种类型的人能高度容忍模糊不清的意见和不同的观点，对制度和方针的僵化、空挂的职位、权力的强制使用敢于直言。

这个等级分类发表以后，管理学家迈尔斯等人在1974年就美国企业的现状进行了对照研究。他们认为，一般企业人员的价值观分布于第二级和第七级之间。就管理人员来说，过去大多属于第四级和第五级，随着时间的推移，这两个等级的人逐渐被第六级和第七级的人取代。

## 四、实现人生价值的根本途径和条件

坚持在工作和奉献中创造价值，在个人与社会的统一中实现价值。

### （一）实现人生价值的根本途径

大学生在大学期间德智体美劳全面发展，树立正确的"三观"、人格健全发展、掌握精湛的专业知识和具有广博的人文科学及艺术知识，未来在劳动和奉献中创造价值，这是从创造的角度来看的。

有坚定的理想信念，有正确价值观的指引，投身于人民群众的社会实践，这是实现人生价值的根本途径。

### （二）实现人生价值的条件

1. 从实现的客观角度来看，实现人生价值的条件是在个人与社会的统一中实现价值

（1）人们实现人生价值的基础是社会提供的客观条件，人的生存、发展及人生价值的实现都必须利用社会和他人提供的各种物质条件和知识成果。应该在个人与社会的统一中实现价值。

（2）正确认识和追求人的个性发展，强调在与社会的统一中实现个人价值，并不否认追求人的个性发展。

2. 从实现的主观角度来看，实现人生价值的条件在砥砺自我中走向成功

（1）实现人生价值，需要充分发挥主观能动性，需要顽强拼搏、自强不息的精神。

（2）实现人生价值，需要努力发展个人才能，全面提高个人素质。

## 第二节　大学生生命价值观

### 一、生命价值观的含义

#### （一）什么是生命价值观

生命价值观是人的价值观在生命中的具体体现，是人们关于生命价值问题的基本态度和根本看法。人的生命活动都是在一定的生命价值观指导下进行的。生命价值观教育是使人们理解生命的意义，引导人们珍惜生命、热爱生命、追寻人生价值的教育。

#### （二）大学生生命价值观的结构与发展

大量的研究显示，大学生生命价值观的结构及发展特点有以下几种：

（1）大学生生命价值观问卷具有良好的信度与效度，它包括生命价值目标、生命价值过程、生命价值评价三个维度。

（2）大学生在生命价值目标方面，社会取向高于个人取向；生命价值过程从高至低依次为主动解决、努力投入、幻想退避，且积极乐观高于消极宿命。

（3）大学生生命价值观呈现先降后升的发展趋势，男生更注重个人生命价值取向，不同家庭收入和学习成绩均会对大学生的生命价值观产生影响。

### 二、大学生生命价值观的现状分析

在社会大环境不断发生变化的同时，大学生的生命价值观也呈现出多种发展趋势。

#### （一）整体是积极向上的，但部分大学生对于生命价值认识不足

大学生的生命价值观在总体上是积极进取、健康向上的，他们积极乐观、拼搏进取、珍爱生命，多数大学生能客观认识生命、尊重不同形式的生命；但也有部分大学生持消极的宿命观或功利化的生命价值观，表现出对生命的怀疑、不满和回避，对自己的人生满意度偏低，对积极参与社会实践持消极的态度。

#### （二）抵抗挫折能力较弱，容易出现伤害生命的表现

部分大学生在遇到挫折和失败时，抵抗压力能力较弱，容易灰心丧气，甚至麻痹自己、自暴自弃、浪费生命，不愿意再思考生命存在的真正意义和价值。加之当代大学生自尊心较强，部分大学生在遇到人生挫折时容易采取伤害自己或他人的极端手段，以此摆脱挫折带来的失败感，保全所谓的尊严。这是生命价值观教育不足的表现。

## (三) 受到社会环境影响，出现功利主义倾向

大学生所处的环境越来越复杂多变，各种信息传播媒介，如网络、电视节目、新闻的出现，严重影响大学生的价值取向，腐蚀其思想，使其把人生目标定位于金钱和名利，幻想一夜成名、不劳而获。这种功利主义的倾向是一种错误的生命价值观，把生命的价值异化为权欲、物欲的满足。

## 三、大学生生命价值观的影响因素

大学生的生命价值观受到个体成长过程中多种因素的影响，家庭与学校教育、个体性格经历、媒体传播、同辈群体、社会现象等都会直接或者潜在地影响个体的生命价值观。

### (一) 社会因素

随着社会的不断发展，科技创新产业不断升级，信息传播速度加快，社会转型逐步深入，对大学生各方面的素质要求也越来越高。

1. 社会变迁冲击大学生的心态

社会主义市场经济的本质造成越来越多的人追求经济利益和物质的最大化，社会对个人奋斗的承认、对自我价值的认可，彰显着人的主体性，改变着传统的生命价值观念。这种情况造成了"极端利己主义"和"唯我主义"，金钱和权势蒙蔽了大学生对生命的正确认知。

2. 大众传播改变生命价值观的形成环境

现代化传播媒介越来越多，传播深度和范围也越来越广。一方面，新媒体促进大学生与外部世界的交流，帮助大学生更全面地学习专业知识与社会知识；另一方面，由于网络的复杂性和隐蔽性，网络中隐藏着许多对大学生的价值导向造成威胁的不良信息，影响着大学生对生命的理解，这对科学生命价值观的形成构成挑战。

### (二) 家庭环境

作为每个人成长的摇篮，人生中的第一所学校——家庭，是大学生成长中联系最紧密的组织，对于大学生生命价值观的形成具有潜移默化、深远持久的影响。

1. 父母是大学生生命价值观形成的动力

孩子出生后的一切认知都是从父母身上和周围环境中学习得的，父母对孩子的影响是基础性的。大学生面对不断变化的社会，自己的价值标准和认知系统尚未形成，这时父母的意见和做法是重要的参考依据。

2. 家庭环境及教育方式是塑造学生性格的原生条件

和谐温馨的家庭环境、科学的教育方式，培养出的孩子更具有责任感和使命感，更爱惜自己和他人的生命；反之，复杂不良的家庭环境会造成孩子心理上的缺陷，内心敏感容易受挫，不知道珍惜美好的生命。

## （三）学校教育

1. 用人单位、学校带来的压力

尽管目前我国推行素质教育，注重培养学生的综合素质能力，但是诸多用人单位、学校依然看重大学生的学习成绩、学历和科研能力等，导致大学生在校期间学习功利化，单纯为了个人前途而努力，忽视对人文素养、综合素质能力的培养。

2. 校园中学生会、社团的官僚风气

校园中学生会、社团的官僚风气和大学生间攀比等不和谐现象都在潜移默化地制约着大学生正确价值观的形成，使其对生活和社会产生误解，容易出现反社会心理。

3. 同辈群体未能有效传递社会正能量

大学生所掌握的专业知识和有关生命价值观的内容还不丰富，没有充足的社会经验来指导现实生活，同辈群体的一言一行直接影响着新时代大学生的生命价值观，同辈群体环境对大学生生命价值观的影响是双向的。积极的同辈群体环境促使大学生乐观有效地面对生活中的困难和挑战；反之，则贻害无穷。

## （四）个人因素

大学时期是个体一生中短暂但是极其特殊的时期，有着"发展中的矛盾性"的特征，生理发育成熟但心理发育相对滞后，在不断思考人生、实现生命价值的过程中容易剑走偏锋。

1. 思想较为独立，主体意识强

现在的大学生多为独生子女，集体精神和自我管理能力较差，竞争意识强，心理承受能力弱。在遇到问题时，以自我为中心的价值观和消极的人生态度容易使大学生产生自我否定的想法，甚至做出伤害自己和他人的事情。

2. 自我调节能力弱，抗挫折性差

处于从学生到社会人转型特殊时期的大学生面临着众多的压力，如大学新生适应专业学习考试、交友恋爱和大学毕业生就业择业等压力。现实压力超过心理承受范围，大学生容易做出不理智、不正确的事，甚至会做出一些极端行为。个体抗压、抗挫能力弱，生活在被父母溺爱、优越家庭环境中的大学生，就像温室里的花朵，被父母无情地剥夺了经受风雨打击和阳光普照的机会，由于长期缺乏社会历练，求生能力以及心智都没能得到锻炼和发展。

3. 自我同一性混乱，个人信仰缺失

大学生正处在发展自我同一性的过程中，由于受多种因素的制约，他们同一性整合失调，导致其无法认识自我或确认自我，甚至错误地歪曲自我。丧失了精神追求的大学生，也就失去了对未来的向往。如果这种心理状态长期存在，将导致大学生产生消极悲观、厌世、疾恶如仇的心理，最终走向不归路。

4. 先天不足或后天失养的生理缺陷

现实生活中，部分孩子带有先天性的生理缺陷，如兔唇、胎记等，自卑心理使他们失去对生活的信心，敏感压抑，甚至产生精神类疾病；还有一些孩子因为后天生病，经历生理缺陷从无到有的过程，心理落差使他们的抗压能力变差，内心脆弱不堪一击。

## 第三节  树立正确的生命价值观

生命价值观教育是一项完整而系统的工程，大学生生命价值观的形成受多种因素的影响。因此需要多方面的配合与支持，才能完成科学的生命价值观教育。

### 一、树立正确生命价值观的意义

大学生的生命价值观是影响其人生幸福指数的重要因素之一。正确的生命价值观对实现人生价值具有积极的引导和促进作用。生命价值观就像商品经济中的价值规律一样，是一根无形的"指挥棒"，支配、调节和控制着人们的生命价值选择和生命价值的实践创造。

树立正确的生命价值观对当代大学生的成长、成才具有不可替代的作用，是当前对大学生实施生命教育的逻辑起点。

正确的生命价值观可以增强大学生的生命意识，使大学生在大环境中接受和认可生命的意义与价值，尊重生命，正确看待死亡，并由此转化为相应的生命行为。

正确的生命价值观可以引导大学生科学地认识生命，健全自身人格，实现人生价值，勇于承担社会责任，成为适应社会发展的复合型人才。

### 二、如何树立正确的生命价值观

通过社会、学校、家庭等多方面的教育引导，共同帮助大学生形成正确的生命价值观，让大学生真正了解人生价值。

#### （一）社会用积极正面的思想引领和教育大学生

每个人都不能脱离社会而存在，社会每时每刻都对大学生发挥着教育和熏陶作用。

1. 中国优秀传统文化的教育和熏陶

中国优秀传统文化能够唤醒大学生的道德良知和道德追求，激发大学生热爱生命、积极向上的精神；中国优秀传统文化能够帮助大学生辨别马克思主义价值观，为大学生在多元文化背景下指明正确的方向，使其形成符合主义社会主流思想的生命价值观。例如，孔子的"仁"学思想要求我们"爱人"和"克己复礼"，对人民要仁爱，对自己要严格要求，从而热爱生命、珍惜生命，并努力实现自己的生命价值。

2. 创建充满人文关怀的社会环境

营造积极健康的社会文化氛围，文化作为一种软实力，具有一种强大的无形力量，潜移默化地影响着大学生的生命价值观。大学生在充满人文关爱的社会环境中，首先，会感受到被充分的尊重，大学生从内心得到了满足和安慰，肯定自己生命存在的意义，认识到自己生命的价值；其次，会得到正确的价值引导。大学生在参加社会实践的过程中，处在充满人文关爱的社会环境中会积极主动地学习并勇于接受挑战，提高自己的抗压、抗挫能力。

3. 营造积极的网络文化环境

大众传媒是一把双刃剑，利弊兼具。政府部门应充分利用大众传媒的优点，以具有积极向上意义的生命价值观素材为取向，向大学生传递更多的生命正能量。充分利用网络平台的显著优势，传播健康文化，用喜闻乐见的形式帮助大学生解答生命价值观的困惑，使其感受到生命的存在，意识到生命的重要意义，引导其树立科学的生命价值观。

### （二）学校合理有效地进行价值观教育

学校是大学生成长的主要平台，学校教育对大学生的生命价值观的形成和发展有直接影响。

1. 开设生命价值观教育课程

大学生受不良生命价值观影响而导致的恶性事件时有发生，这就要求学校必须开设有关生命价值观教育的课程。开设生命价值观教育课程可以帮助大学生全面、深入地了解生命和认识生命，知道自己生命和他人生命存在的价值和意义，进而在日常的学习生活中形成正确的生命价值观和具有对生命价值判断、选择的能力。现实发展迫切要求我们加强对大学生生命价值观教育资源的整合，加强学科合作，尤其是对生命价值观教育与心理健康教育、心理危机干预、社会支持系统的整合，形成专业理论知识过硬、实践技能操作有效的联动体系，最大限度地发挥整体优势。

学校需要开展生命价值观教育，通过学校现有的条件资源，运用价值观澄清引导法、对话交流法、情感体验法、团体学习法、情景教育法开展生命价值观教育。运用心理学、伦理学等学科知识对大学生进行生与死的教育，使大学生树立科学、合理、健康的生死观，消除对死亡的恐惧、焦虑心理。

2. 加强师资队伍建设，丰富书籍资料

与部分学校中生命价值观教育相关课程的兼职教师相比，专职从事生命价值观教育的教师，不仅会引导大学生正确地认识生命及生命价值，而且会培养大学生积极向上的生活态度，让大学生增强生活信心和社会责任感。最重要的是专职教师关注大学生的身心发展变化，在大学生遇到问题时能及时给予指导，引导他们树立正确的生命价值观，帮助他们健康成长。

学校增添生命价值观教育的书籍资料，是让大学生在书本中了解生命、认识生命和重视生命。书籍是无言的指引者，为大学生答疑解惑。在面对生命困惑而不愿或者没有条件去求助他人时，书籍可以给出正确的指引。

3. 完善校园精神建设

根据时代特点和大学生需求，开展生命教育，营造积极向上的课堂环境，加强班风、校风建设，开展丰富多彩的生命文化活动，营造浓厚的校园文化氛围。加强思想政治教育，引导大学生采取正确的行为方式。从我国大学生生命价值观存在的问题出发，开展以探寻生命意义、确立生命信仰、明确人生理想、承担生命责任、创造生命幸福为主要内容的一系列丰富多彩的文化娱乐实践活动。通过这些活动，加强校园精神建设，提升大学生的生命价值体验，指导大学生探索生命的真正意义和内在幸福，引导大学生树立明确和谐的人生目标，提升其生命价值感和幸福感。

### （三）积极的家庭教育

家庭是孩子的第一所学校，父母是孩子的第一任老师，父母教育对大学生的影响是无法替代的。父母的言行举止对新时代大学生生命价值观的影响是基础性的、广泛性的、深远性的。

1. 父母的榜样作用

父母应提高自身的思想道德素养，树立正确的生命价值观，热爱生活，为大学生的思维方式和行为准则树立榜样标杆。积极培养大学生的健康人格和自我调节能力，让大学生在家庭这个小环境中，认识到自己生命的意义和价值，树立正确的生命价值观，学会善待自己和家人，学会善待生命，学会对自己和他人负责。

2. 有意识地创造良好的生活环境

父母要尊重孩子，与孩子平等沟通交流，宽严适度，以科学民主的方式方法教育孩子，营造健康积极向上的家庭氛围。当孩子表现出对生命意义的认知模糊、责任感缺乏、幸福感偏低等问题时，父母要及时予以正向的引导，给予孩子积极的生命价值观教育。

3. 不失时机地开展生命价值观教育

通过日常生活中的点滴行为培养孩子的责任意识、感恩意识、博爱精神、民主精神、公平意识等。

### （四）加强大学生自我教育和自我管理

1. 树立正确的世界观、人生观和价值观

大学生要树立正确的世界观、人生观和价值观，改变自身的传统思想观念，正确认识生命、认识生命的价值，同时也理性地认识死亡、直视死亡。大学生在确立了正确的生命价值观以后，可以认识到自身的个人价值和社会价值，充分挖掘自己的潜能，努力在有限的生命里实现自己生命价值的最大化。大学生在日常的学习生活中要用正确的生命价值观，引导自己主动追求有意义的人生，尊重生命，热爱生命。

2. 积极参加社会实践活动，锻炼自身意志力

大学生要积极参加各类社会实践活动，向朋友敞开心扉，积极沟通交流，解决自身困惑，和谐融洽的人际关系可以提升自身的存在感和价值感，增强自信心。大学生要培养乐观向上的生活态度，面对挫折和磨难不退缩，积极应对挑战，绝不轻易向困难低头，更不轻易放弃自己的生命。

生命价值观的教育除了在学校课堂内和家庭中开展，整个社会环境中也处处蕴藏着生命价值观教育的因素，这些因素是学生最好的生命价值观教育教材。学校、家庭、社会以及学生自身共同努力，形成生命教育的合力，引导大学生尊重生命、热爱生命、创造生命价值、实现人生目标，以期实现个人的全面发展和社会的不断进步。

【思考题】

1. 当代大学生的生命价值观主要有哪些？
2. 如何看待自己和他人的生命？
3. 从自身角度出发，谈谈如何树立科学的生命价值观。

# 第三章　大学生生命意识

【学习目的】

> 正确认识生命是良好心理素质的体现，也是心理健康的标志。
> 理解生命意识是指每一个现存的生命个体对自己生命的自觉认识。
> 通过对生命和死亡的分析与探讨，提高大学生的生命认知水平，引导大学生尊重生命、珍惜生命、爱护生命，形成正确、健康的生命意识，从而树立正确的人生观、价值观、社会观。

## 第一节　生命意识概述

人类对于生命存在、生命价值以及生命意义的理解和认知便是生命意识。生命意识包含存在意识和价值意识两个层次。前者是人类对生命存在的认知理解；后者则是人类在生命存在的基础上，凭借社会实践活动将生命价值落到实处的意识。简单来说，人唯有在生命意识层面存在自觉性，才能真正爱惜和善待生命，才能努力落实自身生命价值。

### 一、生命意识的概念及内涵

#### （一）什么是生命

生命是整个人类共有的、最重要的、不可回避的客观存在，没有人能够超越死亡，失去生命意味着失去所有，正因为如此，生命问题是人类最重大的问题。

生命包含精神形态生命与物质形态生命两个方面，简单来说，人的生命包含思想和身体。一方面，精神形态生命，是区分动物和其他生命的关键标志；另一方面，物质形态生命，是所有生命在发展过程中的最高层级，亦是自然演化的最终成果。从与动物生命的本质区别来看，只有人类拥有主观思想。

#### （二）生命是生命意识

生命意识是个体对生命存在和生命价值有意识的感知和态度，只有人才能有意识地认识生命，懂得热爱生命、珍惜生命、善待自己和他人的生命，努力实现生命价值。生命意识是人类对自身生命所产生的一种自觉的理性思索和感性体验。它是人类思维和文明发展的核心,是每一个现存的生命个体对自己生命的自觉认识。

### (三) 生命意识的内涵

生命意识包括生存意识、安全意识和死亡意识三个方面。

目前学术界对于生命意识的定义尚未达成统一。一般来说,生命意识主要表现在两个方面,一是个体对生命存在和生命价值的认知与感悟,二是将生命意识分为三个阶段,即生命意识是人对生命的认知、体验、意志,亦即生命认知、生命情感、生命意志的统一。生命意识的核心是生命认知。人具有对某一生命对象的意识,总是将这一生命对象纳入客观事物中去感知观察,从而认识这一生命对象的意义。生命意识不仅包含认知的因素和情感的因素,还与人的行为相联系。人的行为是由各种不同的动机决定的,这些动机是为了保证各种需要的满足而产生的。当人类意识到某种需要或愿望时,就会自觉地、有计划地调节和支配自己的行为。生命意志,即促使在这种活动中产生的内部动机是意志,行为的内部动力与原因决定着一个人的行为的性质与动力,并且与一个人的知识、伦理、价值观有关。在各种关系的相互交往中,既产生了情感,又形成了意志,即形成了有意识的生命。

## 二、生命意识的结构

大学生生命意识的结构包含以下三个方面的基本内容:

### (一) 大学生对生命的认知

大学生对生命的认知主要包括生命安全意识和生命责任意识两部分。生存是生命的底线,只有生命存在才谈得上人的价值和意义等问题,所以,如何保存生命、保护对生命的认知就成为首要内容。同时,当个体认识到生命的来之不易和成长的艰辛之后,就会慢慢学会感恩,在保护自己生命的同时,能够尊重和保护他人的生命。

第一,生命安全意识是指个体意识到生命存在的价值和意义,从而掌握生存技能,并能提高安全防范意识,规避危险行为,主动保护自己和他人不受伤害。大学生的自我意识逐渐形成,这就使大学生具有较强的生命安全意识,相对于中小学生来说,当危害生命的事件发生时,能够自觉地采取有效措施保护生命,降低危害的程度。由于大学生社会经验较少,生活阅历不够丰富,遇到突发状况时,仍有部分大学生比较冲动,不能冷静思考,进而做出不理智的行为,造成一定恶果,伤害自己的同时也对社会和他人造成不利影响。因此,生命安全意识作为大学生生命意识的首要目标,具有重要的实践价值,促使大学生珍爱生命、保护生命。

第二,生命责任意识意味着个体自觉地意识到自己所承担的责任和义务,并积极主动地对自己和其他生命负责。大学生对自己生命负责的首要表现是保障自身的生命健康,不让自己的生命受到任何伤害。在珍爱生命的前提下,积极发展生命价值,实现自我价值和社会价值,是对生命负责的终极目标。在大学生对自己生命负责的同时,也必须意识到他人的生命同样是独特而有价值的,不应随意伤害他人生命,应积极主动地帮助他人探寻生命的价值所在，对他人的生命负责。关爱他人生命，尊重他人生命，从而促进人与人之间的和谐相处。此外，大学生还应保护自然界中的动植物的生命，维护生态系统的稳定发展，是大学生对社会负责的体现。

### （二）大学生对生命价值的认识

人的生命存在和动物的生命存在最大的不同之处在于，动物的生命是直接的、重复性的生命存在，人的生命是一种历史性的、有意义的生命存在，是在发展中得到展示和实现的生命存在。因此，发展是人类生命存在的高级自觉与永恒追求，也是生命意义的标志。也就是说，对生命价值的体会和认识就是对自身存在的重要意义的体会和认识，在此基础上，才能珍惜和敬畏生命，从而实现自我的生命价值。

生命价值意识是一种深刻的生命意识，是指个体自觉意识到不仅要实现自我价值，而且要实现社会价值，生命价值是自我价值和社会价值的统一，两者不可分割。

作为社会发展的中坚力量，大学生应对自己有深刻的认识，为自己的未来设定明确的目标和发展方向，并不断为之奋斗，实现自我价值。大学生在实现自我价值的基础上，还应意识到社会价值才是生命存在的目的与意义，应积极主动地参与社会实践，为社会发展做出应有的贡献，为国家和人民创造更多的物质和精神财富。只有当大学生真正意识到生命价值是自我价值和社会价值的统一时，才能更好地实现自我价值，从而促进生命价值的实现。

### （三）大学生对死亡的认识

死亡意识是指生命主体对死亡的认知和体验，个体自觉意识到生命体最终会消亡，生命是短暂的、有一定期限的，而不是连续存在的，进而表现出珍爱生命、善待生命的行为。人的生命的完整过程包括了生与死，死亡是生命的重要组成部分。对死亡的认识是大学生生命意识的重要内容，其作用不仅在于让大学生了解死亡的内容，更重要的是，死亡深刻地揭示了生命的有限与唯一，揭示了时间与生命的宝贵，从而使大学生更加热爱生命、珍惜生命。对死亡的认识，不仅要让大学生了解死亡是人类进化过程中不能避免的环节，生老病死乃人生常态，还要让大学生敢于正视死亡、直面死亡，当发生突发性死亡的时候，不至于惊恐万分、不知所措。

大学生作为知识群体，应充分认识到，生与死是相伴而行的，生命诞生的那一刻，就意味着生命将会消失。不论是平凡的人民群众，还是伟大的社会精英，任何人都不能永远地活在这个世界上。因此，大学生要学会珍惜生命中的每一天，用心呵护生命，不做危害生命安全的事情，尽可能地延长生命的长度，努力在有限的生命长河中实现自我价值和社会价值，创造自己的美好人生。大学生还应坦然面对生命的终结，以一颗平常心对待死亡。正确地认识死亡，可以帮助大学生认识到生命的有限性，进而树立正确的生命意识。

## 三、生命意识的目标

生命意识的目标遵循由低到高、从小到大的原则，主要包括认识生命、尊重生命、珍爱生命和发展生命。其中，发展生命是生命意识的最高目标，引导大学生积极实现生命价值是生命意识的最终目标。

### （一）认识生命

认识生命不是简单地知道生命的来源和意义，关键在于认识生命的本质。只有系统全面地认识生命，才能使大学生在社会实践中反思生命，重新审视自身生命，以积极向上的态度面对人生，怀着一颗感恩的心回报父母及社会，才能使大学生成为一名合格的社会主义接班人、未来社会的继承者和开拓者。

### （二）尊重生命

培养生命意识，是让大学生在深刻地认识生命后懂得尊重生命。尊重生命不仅意味着尊重个人的生命，还意味着尊重他人和自然界中动植物的生命。首先，大学生尊重生命的表现就是珍惜自己的生命，尽一切可能保护自己的生命，维护生命健康。其次，大学生应认识到，每个人的生命在本质上都是平等的，无高低贵贱之分，生活在这个世界上，没有人可以代替自己进行任何实践活动，学会尊重他人的生命不仅是大学生生命意识的主要目标之一，更是社会对大学生在道德上的要求。在懂得尊重他人生命的同时，自己的生命也会得到尊重。只有这样，人与人之间才能友好相处，建立和谐的人际关系，从而促进社会持续向前发展。最后，尊重人的生命，同时也必须学会尊重动植物的生命。只有人与自然和谐共生，物质世界才能缤纷灿烂，从而呈现出一派欣欣向荣的景象。

### （三）珍爱生命

生命意识的主要目标是让大学生深刻意识到生命具有唯一性。每个人的生命在世界上只有一次且具有不可逆性，生命一旦失去，便不会再重新开始，这就要求大学生要学会保护自己的生命，不管在生命旅途中遇到多少困难，经历多少磨难，都不能轻易破坏生命的完整性，只有生命体存在，才是进行一切社会活动的前提和保障。大学生在遇到困难和挫折时应积极寻求解决问题的正确方法，及时化解消极情绪，以免影响身心的健康发展。大学生应当倍加珍惜和爱护生命，努力将珍爱生命培养成对待生命的一种习惯，时刻珍爱生命，悉心呵护生命，不随意伤害生命，不做危害生命安全的事，不轻视生命。

### （四）发展生命

生命意识的最终目的是引导大学生不断发展生命、超越生命和实现生命价值，这一目标建立在大学生充分认识生命和珍爱生命的基础上。鼓励大学生积极主动地完善自己，提升自身生命境界，寻求生命本质与意义。发展生命、提升自身生命境界是一个漫长的过程，它需要不断地努力和坚持，但它也是生命旅程中的宝贵资产。生命的长度是有限的，这是任何人都不能改变的自然规律。大学生唯有积极拓宽生命的广度，增加生命的厚度，才能让自己的人生多姿多彩，活得有意义、有价值。

## 第二节 生命意识的唤醒

大学生生命意识是大学生基于自我体验所形成的对生命的态度及行为，它决定着大学生生命存在的价值和质量。正确的生命意识能够帮助大学生尊重生命、感悟生命、理解生命的意义，生命是我们一切希望的源泉。大学生生命意识及生命意识的培养不仅关乎着自己的前途和命运，而且影响着整个社会的进步与发展。

### 一、当代大学生生命意识现状

对大学生生命意识与生命价值进行实证调查分析，结果显示，当代大学生生命意识水平总体较好，大多数能够珍爱生命，重视生命责任，关注生命的意义与价值的实现；但部分大学生对生命价值的认知还存在不足，对自我生命的关注高于对他人生命的关注，对自我价值的追求高于对生命社会价值的追求，有的还存在人性认知偏激、精神信仰迷失等现象。

#### （一）对生命价值和意义有所体验与感知

一部分大学生对生命价值和意义有所体验与感知，对自己的生命持积极肯定的态度，但大多数处于较浅层次，缺乏自觉和主动意识，视野比较狭窄。大学生对生命价值的认知还存在不足，人的生命是有价值的，价值是人存在的基础和依据，对人生意义的追求，对生命社会价值的追求，是生命价值的最高体现。

#### （二）生命责任意识缺乏

当代大学生生命责任意识缺乏，对自我生命的关注远远地高于他人，对他人生命责任淡漠。许多大学生没有真正理解生命的特征和包容性，片面地把自我生命的珍贵性看成是唯一的，把对生命的责任看成是单纯对自己生命的负责。大学生通过接触的教育及自我认识，对生命现象已形成基本认识，但对于死亡现象的认识存在一定程度的偏差和不足。

#### （三）承受学习和生活压力

大学生基本具备了承受学习和生活压力、经受挫折的能力和耐力，拥有积极向上的心态，但生活质量有待提高。大学生的生命存在意识强烈，他们大多能够珍爱自己的生命，敬畏死亡，不会轻易放弃生命，但身心健康意识却比较淡薄。生命的第一含义是生存，而生存的前提是健康，也就是说，健康的身心是生命运行的基础和支撑，现代社会健康的标志不只是单纯的身体健康，更重要的标志是拥有良好的心理素质与社会适应能力，对生命健康负责是生命的第一责任，也是生命道德的要求。对健康负责就是对生命负责的道理，绝大多数人都能理解，但是将身心健康深入道德和责任意识中，落实到实际行动中，许多大学生无法理解也没有做到。大学生活中作息不规律的现象比比皆是，不良的生活卫生习惯也非常普遍。

生命健康状况不仅影响着生命质量，还影响着生命存在的延续，同时也影响着生命道德。

良好的生命意识，就是要能够正确地看待生命现象，既能认识到生命的伟大与崇高，又能认识到生命的脆弱与无助；既能了解人类生命的价值，又能了解自然界中其他生命的意义。每个人能够以平等的眼光看待世间万物，以敬畏的心态善待一切生命，以负责任的态度关爱自己和他人的生命。

## 二、影响大学生生命意识发展的因素

### （一）社会生命意识环境

社会环境对人的影响是根本性的，一个人生活在什么样的社会环境从根本上决定了这个人的发展。我国社会当前正处在大转型之中，政治、思想、文化、生活方式等都随着经济形态的转变而发生了巨大变化，由此带来了各种思潮的相互碰撞，其中就不乏一些庸俗的、低级的、落后的思想，如个人主义、享乐主义、拜金主义、功利主义，大学生在社会环境中面临着太多的诱惑，同时也面临着巨大的压力。

首先，良好的社会文化环境是生命意识发展的重要途径。面对复杂的文化背景，一方面，我们应该积极发展健康文化，形成良好的文化氛围；另一方面，我们应该抑制暴力文化和其他不良文化的发展，大力宣传生命意识。其次，社会要形成良好的舆论导向。营造全社会关心和爱护生命的氛围，抵制暴力文化进入社会，大力宣传生命意识教育，时刻提醒每个人珍爱生命、尊重生命。

### （二）学校生命意识教育

学校生命意识教育是大学生生命意识发展的重要途径。大学生生命意识教育能够帮助大学生树立正确的生命意识观念，提高大学生生存能力，从而实现自我价值。

美国是第一个开展学校生命教育的国家，对生命意识的研究相对比较成熟，为引导大学生树立正确的生命意识，专门开展生命意识课程和各类实践活动，让大学生在实践中激发对生命的热爱，进而珍爱生命，实现生命价值。英国对大学生生命意识的培养也格外重视和关注，学校为了引导大学生热爱生命，非常重视校园文化的建设，通过潜移默化的方式帮助大学生感受生命，引导大学生树立正确的生命意识。

受传统应试教育的影响，当前我国教育重视知识的传授，忽视了大学生的心理健康教育和生命教育。社会的发展要求我们必须更多地关注大学生的身心健康，只有拥有健康的身心才能更好地学习科学知识。大学生生命教育能够引导大学生珍重生命、热爱生活，树立正确的人生观，坚持自己的理想信念。

### （三）家庭生命意识氛围

生命意识必须要有家庭教育的积极参与，生命以生活为载体贯穿人的一生，所以生命教育也是终身教育，是蔓延于生活的全方位的教育。从某种意义上来说，家庭本身就是生命的诞生地，是与生命连接最为紧密的地方。

家庭氛围，尤其是父母之间的关系，对大学生的人生观和价值观有着无形的影响。父母创造的最初的氛围，对孩子的影响也是最为深远的，他们的言行和营造的家庭氛围，对孩子后续形成的性格、品质都有密不可分的联系。父母对生命的态度也在潜移默化中影响着下一代的生命意识，愿意经常思考生命意义的父母会发现生活中的乐趣，乐于享受生命，也会给孩子带来积极乐观的生命意识。

此外，还有部分父母的教育方式是开放自由的，认为凡事不用刻意去教育，过多的教育会使孩子产生逆反心理。这种教育方式会让孩子丧失约束力，以自我为中心，不会考虑他人的生命，这种教育方式也在潜移默化地影响孩子的生命意识。

### （四）自我生命意识发展

外因对事物的发展起推动作用，内因才是决定事物发展的关键。大学生处于社会当中，社会上某些负面信息潜移默化地影响着他们的价值取向，他们在没有建立完善的生命意识体系时，就不能深刻理解生命。大学生自身生命观不成熟是大学生生命意识产生问题的关键因素，大学生正处于生命发展的不平衡阶段，在这个阶段，大学生对生命有一定的认识，但由于缺乏社会经验，与社会中的个体相比，心理和思想尚未完全成熟，当大学生面对一些人生重大问题时，在生命认知方面存在片面性，不能系统、全面、深刻地认识和理解生命，部分大学生会忽视生命存在的意义和本质，不知如何实现生命价值。

大学阶段是塑造大学生健全人格的关键时期，也是大学生生命意识形成的重要阶段。大学生作为未来社会的继承者，应当对生命有系统、全面的认知，树立正确的生命意识。

## 三、大学生生命意识培养途径和方法

大学生生命意识缺失的表现：对自我生命珍惜不够，即自残自杀；对他人生命蔑视，虐待生命；对生活缺乏追求，虚度人生，沉迷于网络游戏、电视剧等。这与溺爱的家庭教育、社会上的功利式教育以及学校中生命教育的缺失息息相关。培养大学生生命意识，是提高大学生心理健康水平的重要组成部分。

### （一）培养积极的生命观

首先，大学生应意识到生命的存在，意识到生命存在的重要性，并且意识到每个个体的生命都是独一无二、不可替代的，每个生命都有其特殊性，要热爱生活，保护自己的生命，敬畏他人的生命。

其次，大学生在校期间应融入集体生活，努力提高自己的生命质量，一方面要认真学习，拓宽知识面，丰富自己的精神世界；另一方面，要积极参加学校各类活动以及社会实践，通过参与集体活动实现生命的价值，在集体活动中获得同伴的支持并与同伴合作，充分发挥自己的潜能，不断地完善自我、超越自我，让自己变得更强大。

## (二) 正确面对挫折

生命的存在过程不可能是一帆风顺的，大学生活也是如此。大学生在成长过程中难免会有遇到挫折和失败的时候，如果面对挫折和失败时，总是选择消极逃避的态度，将不利于自己的身心健康发展。

在面对挫折失败时，要以积极的心态对待，找出原因，努力解决，在逆境中提升生命的意义和价值，从而更加珍惜和尊重生命。

积极心理学强调积极的情绪体验，如幸福、满足、愉悦等，这些情绪能够调动体内积极的因素，从而发挥生命的潜能。积极情绪能够拓展个体的认知行为范围，增加思维的灵活性和创造性，促进个体获取有效信息，发掘问题的关键因素，积极地找出解决问题的策略。积极的心态会促使大学生用积极的态度来对待自己遇到的挫折，发现其中的意义和价值，避免产生自我贬低和自暴自弃等消极心理，提升对生命价值和意义的认识。

## (三) 培养兴趣爱好

在学习之余，培养一些兴趣爱好，一方面能够充实自己的生活，在做自己喜欢的事情时，能够获得幸福快乐；另一方面，可以和有共同兴趣爱好的同学成为朋友，融入集体，减少孤独感和分离体验。大学生可以通过加入喜欢的社团，培养兴趣爱好，增加幸福体验，更快适应大学环境；可以通过积极投入和体验各种活动，缓解生活压力，促进自身全面发展。

## (四) 树立正确的目标

美国的心理学家米哈里·契克森米哈赖在《生命的心流》一书中指出：在目标明确、能够得到立即回馈，并且挑战与能力相当的情况下，人的注意力会开始凝聚，逐渐进入心无旁骛的状态。由于心流发生时，人必须投入全部精力，意念因此得到完全协调合一，丝毫容不下无关的念头或情绪，此刻自我意识已消失不见，但感觉却比平日强烈，时间感也有所扭曲，只觉得时光飞逝，瞬间已过数个小时。一旦整个人的身心各方面能力都发挥到极致，不论做什么事都会效率倍增，而且生活本身就会变成目的。在身心合一、专注的情况下，生命终将获得终极的发挥。因此，大学生应该建立明确和具有挑战性的目标，并通过实现目标使生命价值最大化。

孟子也曾经说过："故天将降大任于斯人也，必先苦其心志，劳其筋骨，饿其体肤，空乏其身，行拂乱其所为，所以动心忍性，曾益其所不能。"大学生在遇到困难和挫折时，如果常用这几句话勉励自己，认识到目前的困难只是暂时的，也是必须经历的，只要跨越过去，就能够实现目标，品尝到成功的滋味，便会格外地有勇气去面对并克服困难。目标体验在生活中起着重要的心理作用，教师可以引导大学生设立科学的目标，并持之以恒地为之努力和奋斗，克服生活中的困难；可以引导大学生多读励志类的文学作品，并邀请优秀的大学生开展座谈会，介绍自己制定目标后的奋斗经历，传递正能量。

总之，大学生应该强化生命意识，珍惜生命、善待生命，真正意识到生命的价值，从而为自身的发展开辟更广阔的空间，促进自身健康发展。同时，也应在具体的实践中实现自己的人生价值，为社会贡献力量。

## 第三节　正确看待死亡

生命是一个由出生、成长、衰老、死亡组成的连续过程。死亡是生命的必然过程，是生命整体发展过程中不可避免的阶段，即必然的发展过程。要正确认识生命，就必须正视死亡。

### 一、死亡与死亡观

#### （一）死亡的定义

人们对死亡的认识，从古至今经历了一个由不认识到认识，由感性认识到理性认识的发展过程。直到20世纪60年代，血液循环和呼吸中止一直是死亡无可争辩的标志，而被所有的国家接受为医学上及立法上的死亡标准。但是，随着科学技术的不断发展和人类文明的进步，这种传统的死亡概念已日益受到挑战。

死亡指丧失生命，生命终止，停止生存，是生存的反面。哲学上说，死亡是生命（或者是物件）系统所有的本来维持其存在（存活）的属性的丧失且不可逆转地永久性地终止。死亡是自然流通链中的一个环节，是世界变化中的必然。不同的学科领域对于死亡的定义也各有不同。

1. 临床医学对死亡的定义

临床死亡的解释是："人的身体系统如心脏、血管、呼吸系统等停止工作。"

2. 联合国人口统计部关于死亡的定义

联合国人口统计部的定义是："所谓死亡即是生命的一切征兆永久消失。"实际上根据人类长期的经验，心脏若停止跳动超过五分钟以上，就可以确定为死亡。

3. 中国古代关于死亡的定义

《说文解字》一书中对死亡的注解是："死，澌也，人所离也。"澌，意"尽"，也就是水流完的意思，也有"分、离"的意思。庄子说："人之生，气之聚，聚则为生，散则为死。"《礼记·祭法》中说："大凡生于天地之间者皆曰命，其万物死皆曰折。人死曰鬼。"总之，中国古代对死亡的认识有强烈的鬼魂崇拜及祖先崇拜的观念。

#### （二）死亡观

死亡观是人类对自身死亡的本质、价值和意义的根本观点和看法，死亡观是世界观和人生观的有机构成部分。

1. 中国传统文化中的死亡观

死亡观是中国传统文化的重要组成部分。儒家的死亡观是入世的、积极的，它主张通过立功、立德来超越死亡。道家的死亡观是出世的、飘逸的，它主张顺应天理和自然之道，既不悦生，也不恶死。佛教的死亡观是抑我的、消极的，它主张战胜自己肉体的欲望以享受来世的快乐。中国人心目中的死亡观念散发着浓厚的伦理化、政治化和神秘化的气息。大多数的中国人往往从伦理道德的角度去思考死亡，彰显、规定死亡的意义和价值，这也是中国历史造就了如此众多千古流芳的仁人志士的原因。此外，中国历史变革过程中的曲折和驳杂是其他民族所没有的，在每一个历史的紧要关头，死亡观也往往处于现代和传统的交合中。由于个体生命没有得到足够的尊重，主流文化中突出的是为"集体"而献身的英雄和烈士，这些人往往被神化以达到某种政治教化的目的。所以，中国人的死亡观念往往被赋予政治上的意义。因此，伦理化、政治化、神秘化是中国传统文化中死亡观念的三大基本特征。

2. 西方文化中的死亡观

西方的死亡观主要受基督教的影响，基督徒用耶稣之死来升华对"天堂"永生的信念，他们认为死亡就是皈依天父。古希腊的犬儒学派和斯多葛学派认为，人的一生是痛苦的，只有克制欲望，才能得到精神上的安宁。中世纪是乐死恶生的时代，人类始祖所犯的罪恶决定了人的一生是赎罪的一生、苦难的一生，要想摆脱苦难，只有寄托于彼岸世界。在西方的宗教看来，死亡是一件快乐的事情，意味着解脱和超生。

## 二、死亡的类型及其预防和干预

### （一）死亡的分类

死亡是生命系统所有的本来的维持其存在（存活）属性的丧失且不可逆转地永久性地终止。根据死亡的方式可以将死亡分为正常死亡和非正常死亡两类。

1. 正常死亡

正常死亡是指由内在的健康原因导致的死亡，由衰老和疾病引起的器官衰竭而死。衰老引起的死亡，是年老衰弱引起的生理性死亡。它是高龄者生理机能减退和机体长期消耗的结果。人总是要经历死亡的，这是生命发展的必然结果，任何人都抗拒不了。在现实生活中，单纯的衰老死亡是很少的，一般都伴有老年性疾病，如高血压、动脉硬化、脑出血等。研究推测，人的自然寿命有140~150年，但活到如此高龄的人极为罕见。疾病引起的死亡，是由于人体某些器官或内脏发生病理改变和功能障碍，严重影响生命活动而引起的死亡，又称病理性死亡。

2. 非正常死亡

非正常死亡又叫非自然性死亡，是由于来自外界的物理、化学因素或者其他能量大或作用强的机械的、生物学的外界因素等作用于人体引起的非正常死亡。其包括火灾、溺水等自然灾难致死，也包括工伤、医疗事故、交通事故、自杀、他杀、受伤害等人为事故致死。

## （二）不同类型死亡的预防及其干预

### 1. 正常死亡的预防及其干预

正常死亡是不可避免的一种自然规律，天地万物，生死循环，自然规律，非常正常。死亡是个未知的自然规律，我们对未知事物产生恐惧，本无可厚非。但我们又无法逃避，必须面对。

生命对任何人来说，都只有一次，无法重来，更不会有来生，所以弥足珍贵，必须要好好珍惜。生命是短暂的，个体生命终有尽，我们每个人都无法抗拒生命发展的自然规律。死亡是人生不可避免的归宿，但是，正是死亡的存在才让我们感激生命的获得。向死而生，让我们拥有一份好好活着的感动，从容面对生命的不可预知，更加热爱生命。生死自然，活着就尽情享受每一天，没必要整日杞人忧天，因为该来的始终会来，谁都无法逃避，只有坦然面对，才能拥有美好的人生。

### 2. 非正常死亡的预防及其干预

非正常死亡区别于新陈代谢自然过程导致的生命陨灭，是指除老死和病死以外的其他各种死亡，包括自杀、他杀、意外事故等，其中自杀所占比例最高。2007年7月，在中国保监会主办的首届校园安全与风险管理论坛上公布的一项最新调查结果显示，全国每年约有1.6万名中小学生和3 000名大学生非正常死亡。近期另一份调查报告结果则显示，突发性、脆弱性和报复性是大学生非正常死亡的突出特点；心理素质差、社会压力大、某些媒体的不良宣传误导和教育的缺失是引起大学生非正常死亡的主要原因。大学生由于自卑、失恋、受挫等心理因素而导致的自杀已占到大学生非正常死亡类型的第一位。大学生非正常死亡事件不仅给家庭带来了极大的痛苦，还严重干扰了学校正常的教学和生活秩序，影响了学校和社会的安全稳定。

从客观角度来说，人际关系紧张、社会竞争激烈、天灾人祸、家庭纠纷、成长环境不良、压力过重、经济变动、环境改变、季节变化、宗教信仰等，都有可能造成非正常死亡现象的发生。从个体本身来说，个人的性格特点、人际关系、身心状况，如抑郁症、精神分裂等精神病理学原因，也会导致非正常死亡的发生。

一般而言，除了在生活中需时刻注意自己的人身、财产、生命安全等，我们还可以通过以下几种方式来减少非正常死亡的发生：

（1）平时应当注意建立一个有一定规模、密度并且具有异质性的支持系统，学会和他人沟通与交流，也就是既要会聆听，也要会倾诉。

（2）培养参与体育运动或文体活动的习惯，建立良好的心态，这在一定程度上有助于不良情绪的宣泄和释放。每个人的生活大都是喜忧参半的，它给人带来甘霖雨露、繁花美景的同时，也会给人带来波涛汹涌、阴云密布的时刻。对于生活中不愉快的事，我们要学会排解压力，宣泄不良情绪，转移自己的关注点。一个人的心态决定其生活状态。日常生活中，很多时候我们不能如愿以偿，常常还会吃苦头、受委屈、遇挫折。面对人生的风风雨雨，始终保持处变不惊、淡定从容的心态，拥有一颗成熟、包容之心，抱着积极向上的乐观心态看待问题，永不放弃自己，必能从磨难和痛苦中找到重新站起来的力量，涅槃重生，实现人生逆袭。

（3）提高自我觉察能力，一旦发现对生命有危害的事情，便及时地实施自我救助，如转移注意力、避开危险事物等。

（4）必要的时候可以向家人、班主任、朋友以及心理辅导教师等专业人士寻求心理咨询或者帮助。

（5）关爱他人，尊重生命。不要吝啬自己对他人的关心，要倾听、尊重周围的人。

生命如同空气般宝贵，但很多时候我们无法意识到它的存在。因此，当我们被赐予让我们不得不意识到它的存在的疾病、痛苦、灾难时，往往是我们认识生命价值的绝好机会。人生总是在迎接并战胜一个又一个困难和挫折中不断前进的，总是在历经千难万险后获得涅槃重生的。当我们面对真实的生命时，不得不承认生命注定会有缺陷，会有挫折与痛苦，并不存在十全十美的人生。有韧度、有价值的生命，是能够在身处黑暗时看到光明，在危机中看到生机，并因其坚韧与顽强，而更彰显其生命的价值。

## 三、正视死亡，敬畏生命

有生必有死，每个人从出生那一刻便一步步迈向死亡，但什么时间死、以何种方式死、以何种缘由死，谁都无法确定。人生难得，寿命无常，坦然面对这一伟大的生死法则，珍爱生命，珍爱自然，让宝贵的生命过得有意义、有价值才是我们每个人应该做的。

### （一）正确地看待死亡，理解生与死是人类自然生命历程的必然组成部分

树立科学、合理、健康的死亡观，可以消除人们对死亡的恐惧和焦虑等心理现象。教育人们坦然面对死亡，使人们思索各种死亡问题，学习和探讨死亡的心理过程，以及死亡对人们的心理影响，为处理自我之死、亲人之死做好心理上的准备；使人们勇敢地正视生老病死的问题，加深对死亡的深刻认识，并将这种认识转化为珍惜生命、珍爱健康的强大动力，进而提高自己的生命和生活质量；使更多的人认识到人生包括优生、优活、优死三大阶段，从而能够客观地面对死亡，有意识地提高生命质量。

### （二）正确地看待死亡，可以反观出生的真正意义

任何人在生的阶段都应该生机勃勃，奋发努力；而到了死的阶段则应该欣然坦荡，无所牵挂。现实生活中经常可以看见许多人总以为拥有的越多越好，在为人处世时，刻薄、吝啬、毫无怜悯之心、无所不为，也许他的确成功了，拥有了很多，可是他在这个世界上不爱别人，不帮助别人，当然别人也就不会爱他，不会帮助他，而当他面对死亡时，他会因为所拥有的一切将要丧失而痛苦万分。人之生死的相对性就在于人们生前拥有的越多，死时丧失的也就越多，生前拥有的越少，死时丧失的也就越少，其痛苦也就相对要小。

### （二）死亡的存在使我们能时时刻刻意识到生命的脆弱

人虽然是万物之灵，但生命自身却相当的脆弱，十分容易受到外在的和自我的伤害。人

的生命只有一次，死亡意味着人们此生的完全结束，这就时刻提醒我们要保护自己脆弱的生命，不要使之受到伤害，更不要沦为非正常的死亡。

【思考题】

1. 请用 10 个词来描述自己当下的人生经历，再用 10 个词来描述自己未来的人生规划。
2. 你觉得应该如何看待生命和死亡？

# 第四章　大学生自我意识

【学习目的】

- 正确认识自我是良好心理素质的体现，也是心理健康的标志。
- 正确认识自我意识是人对自己与周围世界关系的认识、体验和评价。
- 通过对自我意识的分析与探讨，提高大学生对自我意识的认知水平，维护和增进大学生的情绪健康。

## 第一节　自我意识概述

大学生进行自我探索，了解自我意识的内涵、结构和特征，从而客观地认识自我、正确地评价自我、积极地悦纳自我、有效地控制自我、科学地发展自我，将有助于增强自信心，建立健康的自我形象。

### 一、自我意识的含义

自我意识也称自我，是个体意识发展的高级阶段。早在古希腊时期，哲学家苏格拉底就提出了"认识你自己"的口号，这标志着人类自我意识的觉醒，人类开始关注现实人生，开始将目光从神的光彩投到人类自身。

#### （一）自我意识的定义

自我意识是意识的核心部分，是一个人在社会化过程中逐步形成和发展起来的，对自我以及自己与周围环境关系的多方面多层次的认识、体验和评价，是个体关于自我全部的思想、情感和态度的总和。自我意识具有目的性、社会性、能动性等特点，对个性的形成、发展起着调节、监督的作用。自我意识的表现形式是丰富多样的。正因为如此，我们可以通过多种途径来认识自己和认识他人。例如，你喜欢自己的外表、能力、性格、家庭背景吗？你满意自己的成绩和付出的努力吗？你认为别人对你的评价如何？他们是喜欢你还是讨厌你？这些问题都属于自我意识的范畴。

#### （二）自我意识的内涵

自我意识的内涵一般包括以下三方面的内容：

1. 对自身生理状态的认识和评价

对自身生理状态的认识和评价指对自己身高、体重、容貌、身材、性别等的认识以及生理病痛、温饱饥饿、劳累疲乏等的感受。如果一个人不能接纳自己，嫌自己个子矮、不漂亮、身材差，就会讨厌自己，从而表现出缺乏自信的状态。

2. 对自身心理状态的认识和评价

对自身心理状态的认识和评价指对自己知识、能力、情绪、兴趣、爱好、性格、气质等的认识和体验。如果一个人对自己的心理评价低，嫌自己能力差、智商不高、情绪起伏太大、自制力差、性格不成熟等，就会否定自己。

3. 对自己与周围关系的认识和评价

对自己与周围关系的认识和评价指对自己在群体中的地位、作用以及自己和他人相互关系的认识、评价和体验。如果一个人认为自己不善于沟通和交流，周围的人不喜欢自己、不接纳自己，没有知心朋友，就会感到很孤独、很寂寞。

## 二、自我意识的结构

自我意识的结构是指自我意识包含的心理成分。由于自我意识既是心理活动的主体，又是心理活动的客体，是涉及认知、情感、意志过程的多层次、多维度的心理现象，所以，自我意识的结构表现在自我认知、自我体验和自我控制三个方面。自我意识的结构见表4-1。

表4-1 自我意识的结构

| 成分 | 自我认知 | 自我体验 | 自我控制 |
| --- | --- | --- | --- |
| 生理自我 | 对自己身体、外貌、衣着、风度、家属、所有物等的认识 | 英俊、漂亮、有吸引力、迷人、自我悦纳 | 追求身体的外表、物质欲望的满足，维持家庭的利益等 |
| 心理自我 | 对自己的智力、性格、气质、兴趣、能力、记忆、思维等特点的认识 | 有能力、聪明、优雅、敏感、迟钝、感情丰富、细腻 | 追求信仰，注意行为符合社会规范，要求智能与能力的发展等 |
| 社会自我 | 对自己的名望、地位、角色、性别、义务、责任、力量的认识 | 自尊、自信、自爱、自豪、自卑、自怜、自恋 | 追求名誉地位，与他人竞争，争取得到他人的好感等 |

### （一）自我认知

自我认知是主观自我对客观自我的评价，包括自我感觉、自我观察、自我印象、自我分析、自我评价等。自我认知解决"我是一个什么样的人"的问题。自我认知层面上还包含现实自我与理想自我的冲突。特别是大学生，理想自我一般都比较完美，高于现实自我，在实际中就会出现对现实自我的不满意，表现出自卑甚至自弃的心理。

进行客观、正确的自我评价是一个复杂的、毕生的过程，人的自我发展也是一个连续的且伴随终生的过程。对自我的认识将是人类永恒的话题。"认识你自己"也将是一个终生课题。

### （二）自我体验

自我体验是主观自我对客观自我产生的情绪体验，是在自我认知基础之上产生的。自我认知决定自我体验，而自我体验又强化着自我认知。自我体验主要集中在"能否悦纳自己""对自己是否满意"等方面。自我体验的内容十分丰富，包括义务感、责任感、优越感、荣誉感和羞耻感等。

### （三）自我控制

自我控制是对自己行为、思想和言语的控制，以达到自我期望的目标。自我控制包括自我激励、自我暗示、自强自律，核心内容是"我将如何规划自己的人生"。自我控制是自我意识中的最高阶段，其核心是"我应该做什么""我应该成为什么样的人""我可以选择如何做"。人们通常讲的"自制力"其实就是自我控制的能力。

## 三、自我意识的发生与发展

个体自我意识是在个体生理和心理能力达到一定程度的成熟基础上发生、发展的，是个体在与社会环境长期相互作用过程中形成和发展的。许多社会因素对自我意识的形成和发展起着重要作用。

### （一）生理、心理能力的发展与自我意识的发生

自我意识的发生或形成主要有物－我知觉分化、人－我知觉分化和有关自我的掌握三个标志。在最初的意识发生和发展过程中，主体意识是先于自我意识而发展的，主体意识是自我意识发生和发展的基础。婴儿必须首先在自己和客体间做出区分，才有可能在客体中区分出物理客体和他人，进而在自我和他人之间做出区分，形成自我意识。但婴儿在五个月后，能对他人微笑时，主体意识和自我意识的发展就开始相互作用、共同发展了。特别是后来随意性动作与言语的掌握相结合，当婴儿能逐步意识到活动本身的进程和结果，能够意识到自己的主观力量时，主体意识就同自我意识完全融为一体了。总之，自我意识的发生、发展与生理的发展密切相关，离开了生理及其相应的心理能力的发展，自我意识就不可能发生、发展。

### （二）自我意识在社会互动中的形成和发展

生理的成熟和发展只是形成自我意识的前提，并不能保证自我意识的形成和发展。心理学研究表明，自我意识的形成和发展还有赖于个体参与社会生活、与他人相互作用。美国心理学家库利指出，自我观念是在与他人交往过程中，个体根据他人对本人的反应和评价而发展的，由此产生的自我观念称为"镜中我"。美国心理学家米德进一步指出，我们所属的社

会群体是我们观察自己的一面镜子。他对社会互动中自我意识产生的机制和过程做了深入研究，认为自我意识是在社会中通过扮演他人的角色，把自己置于互动对方的位置上而逐步形成的。

### （三）影响自我意识的社会因素

影响自我意识形成与发展的社会因素有社会经济地位、社会文化环境、家庭、他人的评价和参照群体等。青年时期自我意识的转变包括：从依靠别人的评价转向独立评价；从评价别人转向自我评价；从具体行动的评价转向运用个性品质评价；从单纯依靠表面现象与行为的效果转向动机与效果统一的评价。

## 第二节  大学生的自我意识及其特点

成年时期自我的形成，是经过整个青年期的分化、整合之后最终完成的，影响这一过程的因素，包括自小积累的经验、对他人的态度及来自他人的评价，独立的意识及自身在社会中的作用、地位与身份等。在这一过程中，青年时期是身心发展的关键时期，更是自我意识发展的关键时期。

### 一、青年学生为什么关注自我

个体在青年期生理、认识、情感等各方面的深刻变化，如性的成熟、思维与想象能力的发展、感受力的提高，使他开始把关注的重点转向自身内部，开始去发现和体现自己的内心世界，并迫切要求形成自己独特的个性与独特的理解方式。

个体在青年期逐渐累积的生活经验也直接影响着自我意识的发展，特别是"成功"与"失败"的经验，对自我的形成与自我意识发展的影响力更为巨大。随着经验的积累，成功和失败的经验也随之增多，通过自己对这些经验的再评价，个体可以修正自我意识。

对处于青年期的个体而言，来自他人的评价直接对自我意识的修正和自我的形成产生积极的作用。自我意识尚未确定的青年，往往对他人的评价更为敏感，他们往往通过他人对自己的态度和评价来认识并确认自我的存在价值。

大学时代正处于青年中期，或者说处于大学时代的青年正处于"延缓偿付期"，在初中、高中阶段，个体常常被紧张的学习和考试所追逐，没有什么时间考虑自己的人生，只有进入大学，才能真正专心地考虑自我、探索自我和确立自我。这是因为：

（1）这个时期的自我被称为人生的第二次诞生，它包含着四个层次的含义：一是从"疾风怒潮期"到"相对平稳期"，二是边缘人地位，三是人格的再形成，四是人生价值观的形成。

（2）这个时期的人际关系表现为友情与孤独、性意识的发展及恋爱结婚、对父母的矛盾情感。

(3) 这个时期的心理具有两极性，一是意志与行动的两极性，二是人际关系的两极性，三是日记中表现的两极性，四是闭锁性与开放性。

总体而言，大学生对自我的关注可以归纳为以下三点：

(1) 由于身体成熟，他们开始注意、关心自己的身体、内驱力及内部欲求。

(2) 由于人际关系的扩大，他们将自己的内在能力与他人比较，从而关心自己的素质和天赋等问题。

(3) 由于认识能力的发展，他们开始对自己行动的原因和结果、自己的存在价值和人生意义进行思考。

大学生自我意识的发展，意味着自我矛盾冲突的加剧，其结果便是在新的水平和方向上达到协调一致，即自我统一。

## 二、大学生自我意识的特点

与同龄群体相比，大学生的生活阅历与学习特点决定了大学生自我意识的独特性，主要表现在以下四个方面：

### (一) 强烈关心自己的发展

大学生在校学习期间，随着知识的积累和年龄的增长，围绕个人发展、个人和社会的关系方面，能够主动、积极地探索自我。例如，他们会经常独思、反省这样一些问题："我为什么活着""我怎样活着才有意义""我气质如何""我将成为什么样的人""我该如何实现自我的价值"等，能自觉地把自我的命运与集体、国家的命运结合起来，经常思索该如何为社会服务。

### (二) 自我评价能力趋于客观

中学时期，学生们"理想的我"与"现实的我"之间差距很大。由于各类知识的增多，生活经验的积累，感性与理性趋于成熟，多数大学生对自己的分析、评价逐渐变得客观与全面。他们对自我的认识和评价基本与外界一致，并且自觉地按照社会的要求来评价和设计自我。

### (三) 自我体验丰富而复杂

一般来说，大学生自我体验的情绪情感基调是积极的、健康的。多数大学生喜欢自己、满意自己、自尊、自信、好胜；但是他们的自我体验也比较复杂，敏感、闭锁，且有一定程度的波动性。凡是涉及"我"以及与"我"相联系的许多事物，常常会引起大学生的情绪、情感反应。他们对别人的言行和态度极为敏感，常把自己的情感体验闭锁于内心，且内心情感体验起伏较大。他们取得成绩时容易产生积极、肯定的自我体验，甚至骄傲自满、忘乎所以；遇到挫折时又容易产生消极、否定的情感体验，甚至自暴自弃、悲观失望，有明显的两极情绪。

## （四）自我控制能力的提高

大学生自我控制能力有很大提高，自觉性、坚持性、独立性和稳定性显著发展，有强烈的自我设计和自我规划的愿望，绝大部分大学生都奋发向上，力争成才，并且根据自我设计的目标自觉调节行为。同时，他们强烈要求独立和自制，希望摆脱依赖和管束。

## 三、大学生自我意识的发展

在个体的发展过程中，童年期是个体人格开始形成的时期，少年期和青年期则是个体人格初步形成并定型的时期，成年期是人格成熟时期。自我意识是人格发展的核心要素，在自我认知、自我体验与自我控制三者相互影响、相互作用的过程中，自我意识逐步成熟，其间经历了分化—矛盾—整合的过程。

### （一）自我意识的分化

自我有主观与客观之分，英语中的"I"与"Me"能很好地区分这一含义，前者是主观自我，用来表示我是什么，我做什么；后者作为宾语使用，表示怎样看待我，给我什么。主观自我是一个人对社会情境做出的反应，是自我中积极主动的一面。主观自我与客观自我应该是统一的，这种统一是个人对客体的认识与个人愿望的统一，是个人与社会的统一，是"自我同一性"的形成，更是良好的自我意识的标志。但是，由于自我的结构是多种多样的，每个个体在所处的社会环境中存在着很大的差异，主观自我与客观自我并不总是统一的。

青年期自我意识的发展是从明显的自我分化开始的。原来完整笼统的"我"被打破了，出现了两个"我"：主观的我（I）和客观的我（Me），即大学生既是观察者又是被观察者。伴随着"主我"和"客我"的分化，"理想我"和"现实我"也开始分化。自我意识分化是自我意识开始走向成熟的标志。自我意识明显的分化，使大学生主动、迅速地关注自己的内心世界和行为，产生了新的认识和体验。同时，由此而来的种种激动、不安、焦虑、喜悦增加，自我沉思增多，他们要求有属于自己的一片空间，渴望被理解、被关怀。

### （二）自我意识的矛盾

大学生自我意识的矛盾主要表现在以下六个方面：

1. 主观自我与客观自我的矛盾

作为同龄人中能够接受高等教育的人，大学生对自我有着较高的积极评价，但由于他们远离社会，缺乏社会经验，在校园浓郁的学术与文化氛围中成长，对社会缺乏实际与客观的了解。此外，社会上对当今大学生"重理论轻实践、重专业轻基础、重科学轻人文"的评价及"本科不专、硕士不研、博士不博"的看法，特别是随着高等教育大众化进程的推进，适龄青年接受高等教育机会的增加，社会对大学生的评价更趋客观。大学生回归本位，光环的消失使他们产生了失落感。

2. 理想自我与现实自我的矛盾

理想自我是指个人想要达到的完美的形象，是个人追求的目标，它引导个体实现理想中的个人自我。现实自我是个人从自己的立场出发，对现实中自我各种特征的认识。现实自我又称个人自我，主观性较强。在现实生活中，理想自我与现实自我总是存在着一定的差距，合理的差距能够使人不断进步、奋发有为。但是，如果差距过大，则有可能引起自我的分裂，导致一系列心理问题。

当理想自我与现实自我发生矛盾时，积极地进行自我调适便非常必要。这时，大学生要重新调整和评估自己的理想，直到理想通过努力可以达到为止。

3. 独立与依附的矛盾

大学生生理与心理的成熟使他们渴望独立，以独立的个体面对生活、学习与工作中遇到的问题，但由于长期的校园生活使他们应有的社会阅历与经验相对匮乏，当应急事件出现时，却又盼望亲人、老师和同学能够替自己分忧。此外，大学生心理上的独立与经济上的不独立也形成了明显的反差。在他们迫切希望摆脱约束、追求独立的同时，却又不可能真正摆脱家长和老师的支持和帮助。特别是对于某些独生子女来说，由于长期受到父母的溺爱，独立与依附的矛盾就表现得尤为突出。

4. 渴望交往与心灵闭锁的矛盾

没有哪个时期比青少年时期更加渴望得到友情与爱情，更加渴望得到同辈群体的认同，获得归属感。在这个时期，每个人都渴望着爱与友谊，渴望着交往与分享，渴望着自我价值得到实现，渴望着探讨人生的真谛，渴望着寻找人生的知己，渴望着成为群体中受尊敬与欢迎的人。然而大学生的自我表露又受着心灵闭锁的影响，总是不经意地将自己的心灵深藏起来，与同学有意无意地保持着一定的距离，存在着戒备心理，不能完全敞开心扉地交流与沟通。这也是大学生常常感到的"与人交往不如中学时期那么自如真诚"的原因所在。

5. 自负与自卑的矛盾

自信是一种健康的心理，是一种健全自我意识与成熟人格的标志。但是，由于大学生的自我意识尚在发展过程中，心理尚未完全成熟，很难对自己有正确的认知，因而对自己的认知往往会出现偏差，产生自卑或自负心理。自负是一种过度的自信，拥有这种心理的人，缺乏自知之明，往往以为自己对而别人错，把自己的意志强加在别人身上，不能与人和睦相处。自卑是一种自我否定，表现为对自己缺乏信心，对自己不满和否定自己，拥有这种心理的人总以为自己存在着缺点、不足与失误，因而遇事总会胆怯、心虚、逃避、退缩和缺乏主见。自负与自卑总是紧密相联的，自负表现强烈的人往往也是极度自卑的人。与其他群体相比，大学生表现出较高的自尊与自信，他们渴望成功，不甘落后，特别是当小小的成就来到身边时，很容易表现出骄傲自大、唯我独尊、自我中心的特征；他们相当自负，好像世界尽在手中。当遭遇失败与挫折时，有时甚至是小小的失利，如考试失败、恋爱失败等，他们便开始怀疑自己的能力，进而产生自我否定、自我怀疑甚至自暴自弃的情绪，陷入强烈的自卑之中。这些都与大学生自我认知不足、自我定位不准确有关。

6. 理智与情感的矛盾

大学生情绪的一个显著特点是容易两极分化，或高或低，波动性大，易冲动，不易控制。但随着身心的发展和认知水平的提高，大学生渐渐成熟，在遇到客观问题时，他们既想满足自己情绪与情感的需求，又想服从于社会及他人的需求。特别是当他们遇到失恋等人生打击时，尽管理智上能够理解，却在感情上难以接受。

### （三）自我意识的整合

自我意识的矛盾冲突，常常会给大学生带来不安或心理上的痛苦，他们总是力图通过自我探究来摆脱这种不安与痛苦。在自我意识的矛盾冲突中，大学生的自我意识也在不断调整和发展。在自我意识的不断调整和发展的过程中，他们极易寻求新的支点，寻求自我意识的统一点，整合自我意识。由于自我意识具有复杂性与多维性，大学生逐渐在多维度中审视自我、调整自我，向理想自我靠近。这也是我们常说的自我同一性的建立。从多维度观察的自我同一性越高，大学生自我意识的发展越好，人格越完善。但是，由于大学生的成长背景、家庭教养方式、社会经济地位、个人人生志向和职业目标的不同，他们自我意识整合的结果与类型也有不同。从自我意识的性质来看，大学生自我意识的整合结果表现在三个方面。

1. 积极自我的建立：自我肯定

自我肯定，即对自我的认识比较清晰、客观、全面和深刻。这种积极自我的特点是在经过痛苦的选择与调整之后，大学生逐渐成长，使理想自我与现实自我趋于统一，主观自我与客观自我趋于一致，对自我的认识更加深刻、客观和理性。积极的自我不仅了解自己的长处与优势，还了解自己的不足与劣势，能够分析哪些是通过努力可以达到的，哪些是属于无法企及的，从而进行积极的自我肯定，向着理想自我迈进。

2. 消极自我的建立：自我否定

消极的自我意识分为两个方面：自我贬损型与自我夸大型。自我贬损型的人由于总在积累失败与挫折的经历，对现实自我的评价较低，并时常伴有没有价值感、自我排斥、自我否定。他们不但不接纳自己，甚至自我拒绝、自我放弃，表现为没有朝气、随波逐流、缺少激情，生活没有目标，其结果则更加自卑，从而失去进取的动力。自我夸大型的人正好相反，他们对自我的评价非常高，往往脱离客观实际，常常以理想自我代替现实自我，盲目自尊，虚荣心强，心理防御意识强。其行为结果要么表现为缺乏理智，情绪冲动，忘记现实自我而沉浸于虚无缥缈的自我设计中；要么自吹自擂、自我陶醉，却不去为实现自我做出努力。自我贬损型与自我夸大型的共同特点是对自我评估不准确、理想自我不健全，缺乏实现理想自我的手段，形成后的自我虚弱而不完整，是一种不健康的自我整合。虽然大学生中这种类型的人较少，但严重者可能会用违反社会规范或违法犯罪的手段来谋求自我意识的整合。

3. 自我冲突

自我冲突是难以达到整合的自我意识，表现为自我评价始终在真实自我上下徘徊，自我认知或高或低，自我体验或好或坏，自我控制时强时弱，心理发展极不平衡，有时显得自信而成熟，有时又表现出自卑而不成熟，让人无法评估。自我冲突的人表现为两种类型：自我矛盾型与自我萎缩型。自我矛盾型的大学生，内心冲突激烈，持续时间长，自我认识、自我体验和自我控制不稳定，新的自我无法整合。自我萎缩型的大学生极度缺乏理想自我，但又对现实自我深感不满，自我无法成长而处于弱小、退化或严重扭曲的状态。

自我萎缩型有两种情况：一是长期依赖家庭和他人，缺乏独立性、自主性、顽强性等，难以确立自我形象，面对社会和人生时，由于无法适应而处于退缩状态；二是理想自我与现实自我差距较大，经努力难以达到理想自我或差距并不大，但主观不努力，体验到挫折感，进而对自己不满，并逐渐发展为自轻自贱、自卑自恨、消极悲观、自我拒绝的心理，引起自我萎缩。

## 第三节 大学生自我意识的完善

大学生自我意识的发展与完善，始终昭示着一条通往未来的光明大道。自我意识的完善是一个不断地进行自我认知、自我评价、自我改造和自我完善的过程，正如雕琢一件工艺品一样，真正的匠人为了心中的追求，终生不悔。

### 一、自我同一性的确立

大学生存在六个方面的自我认同问题：一是我现在想要什么？二是我有何身体特征？三是父母如何期望我？四是以往成败经验如何？五是现在有何问题？六是希望将来如何？对这六个方面问题的回答可归纳为"我是谁？"与"我将走向何方？"两大问题。如果完成得较好，大学生就能够适应与化解危机，达到自我同一性；否则，容易出现自我同一性危机，个人方向迷失，与自己的角色不相适应，最后出现退缩和自卑等不良人格特征。

青年时期自我发展是发展心理学研究的重点。最著名的理论为美国精神分析理论家埃里克森的自我同一性理论。自我同一性，也称为自我认同，是指个体寻求内在合一及连续的能力。大学生由于身心两方面发生的重大变化，他们开始关注自我，思考关于"自我"的问题。自我同一性是大学生寻求自我了解与自我追寻的必然历程，对大学生人生价值的选择和理想信念的树立有着积极意义。如果大学生不能确立良好的自我同一性，就会对社会的主导价值表示怀疑，极易造成生活没有重心、摇摆不定。埃里克森的人生阶段见表4-2。

表4-2 埃里克森的人生阶段

| 所处时期 | 年龄 | 心理危机（发展关键） | 发展顺利 | 发展障碍 |
|---|---|---|---|---|
| 婴儿期 | 0~1岁 | 基本信任对不信任 | 对人信赖，有安全感 | 与人交往焦虑不安 |
| 婴儿后期 | 2~3岁 | 活泼自主对羞愧怀疑 | 能自我控制，行动有信心 | 自我怀疑，行动畏首畏尾 |
| 幼儿期 | 4~5岁 | 自信对退缩内疚 | 有目的方向，能独立进取 | 畏惧退缩，无自我价值感 |
| 儿童期 | 6~11岁 | 勤奋进取对自贬自卑 | 具有求学、做事、待人的能力 | 缺乏生活基本能力，充满失败感 |
| 青年期 | 12~18岁 | 自我整合对角色混乱 | 自我观念明确，追求方向肯定 | 生活缺乏目标，时感彷徨迷失 |

续表

| 所处时期 | 年龄 | 心理危机（发展关键） | 发展顺利 | 发展障碍 |
|---|---|---|---|---|
| 成人前期 | 19~25岁 | 友爱亲密对孤独疏离 | 成功的感情生活，奠定事业基础 | 孤独寂寞，无法与人亲密相处 |
| 成人中期 | 26~60岁 | 精力充沛对颓废迟滞 | 热爱家庭，栽培后进 | 自我恣纵，不顾未来 |
| 成人后期 | 61岁以上 | 完美无憾对悲观绝望 | 随心所欲，安享天年 | 悔恨旧事，徒呼负负 |

## 二、良好自我意识的标准

自我意识对人的心理健康起着很重要的作用，它制约着人格的形成与发展，在人格优化的过程中发挥着强大的动力功能。

自我意识主要表现在个人自我、社会自我、理想自我三个方面。

### （一）个人自我

个人自我是指个体对自己各种特征的认识，它包括自己的躯体特点、行为特点、人格特点以及性别、种族、角色特点等自己所感知到的个人特征等。个人自我纯属个体对自己的看法，主观性强，是自我概念中最重要的内容。

### （二）社会自我

社会自我是指个体所认识的，他人对自己各种行为的看法，以及个人在社会中承担角色的认知。

### （三）理想自我

理想自我是个人根据两个"我"的经验，建构自己所希望达到的理想标准，它引导个体达成理想中的个人自我。

衡量大学生的自我意识是否健全很难，但是可以参照以下五个方面：

（1）能够自我肯定、自我整合。
（2）自我认识、自我体验、自我调节协调一致。
（3）独立的自我，同时又与外界保持协调。
（4）主动发展自我，且自我具有灵活性。
（5）不仅自己能健康发展，而且能促进社会文明发展和进步。

## 三、自我意识完善的途径

### （一）正确的自我认知

"人贵有自知之明"，全面而正确的自我认知是培养健全的自我意识的基础。自我认知是从多方位建立的，既有自己的认识与评价，也有他人的评价。我们不妨自己认真仔细想一想，用尽量多的形容词描述自己，要忠实于自己的内心。在此基础上，进行第二步，即他人对自我的描述，描述父母眼中的我、同学眼中的我、老师眼中的我、恋人眼中的我、兄弟姐妹眼中的我，再寻找这些描述中共同的品质，将其归类。所描述的维度越多，越能找到比较正确的自我。

### （二）客观的自我评价

客观的自我评价是指正确的自我悦纳、积极的自我体验、有效的自我控制。自我悦纳是自我意识健康发展的关键所在。悦纳自我首先要接纳自己、喜欢自己、欣赏自己、体会自己的独特性，在此基础上体验价值感、幸福感、愉快感与满足感；其次要理智与客观地对待自己的长处与不足，冷静地看待得与失，在生活中注重自我。自我意识是将注意力集中在自我的一种状态，积极的策略是：关注自己的成功，并积累优势，每个人身上都有无数的闪光点，重点在于寻找自己的闪光点，并将其构成亮丽的人生风景线。

### （三）积极的自我提升

提高自我效能感是个体在一定情境下对自我完成某项工作的期望与预期。当人们期望自己成功时，必然会尽自己最大的努力，并且当面临挑战性任务时，会表现出更强的坚持力，从而增加了成功的可能性。自我效能感高的大学生一般对学业期望较高，即自我效能感与成就动机呈正相关性。

提高自我效能感的一条途径是克服自我障碍，我们经常会体验到对自己能力程度的焦虑带来的不安全感，这便是一种自我障碍。我们听说了太多这样的故事：由于考试前身体不好，所以在大考中没有取得好成绩，这便是典型的自我障碍，为自己的考学失败找到了适当的借口。一个渴望自我发展的人必须主动克服自我障碍，进行积极的自我提升与自我尝试。积极的自我在尝试中会发现自己新的支点。

### （四）关注自我成长

自我的发展需要不断地自我反思和自我监控。因此将成长作为一条线索贯穿于人生的始终时，整理自己成长的轨迹显得尤为重要。依照过去、现在、未来进行清理，深刻了解与把握自己。要记住：自我体验永远是个体的，当我们在向他人分享自我成长的硕果时，也在促进自己的成长。

## 四、WAI 技法

WAI 技法（WAI Technique）是指对"我是谁"（英文"Who Am I"，简称 WAI）这样的问题自问自答，因其形式上是自由书写的 20 种回答，故也被称为 20 句测验（Twenty Statements Test）。WAI 技法始于 20 世纪 50 年代，以"我"字开头的 20 行空行，并印有"1～20"的序号。要求被试者针对"我是谁"这样的问题，用 20 种不同的回答来说明头脑中浮现的关于自己的想法。

**【思考题】**

1. 多维度描述你自己,可以从学业自我、人际自我、理想自我与现实自我等多方面进行描述。
2. 用20个形容词描述你自己。
3. 应如何完善自我意识?

# 第五章 大学生挫折教育

【学习目的】
- ➤ 了解挫折的含义和影响因素。
- ➤ 熟知挫折的类型。
- ➤ 掌握应对挫折的途径。

## 第一节 挫折概述

### 一、挫折的含义

#### （一）什么是挫折

心理学上认为，挫折是一个人在达到某种目标或满足某种需要的活动过程中，由于能力不足或受到妨碍和干扰，致使目标不能实现或需要无法得到满足时所产生的情绪体验。大学生挫折是指在大学期间，大学生由于在学习、生活和人际交往等方面的活动受到了阻碍，进而不能顺利实现自己的目标或不能满足自身需要时产生的情绪体验。

#### （二）什么是挫折教育

挫折教育就是教育者有目的地采取一定的教育方法和手段，帮助和引导受教育者正确认识挫折，有意识地防御挫折可能带来的负面效应，在挫折面前适时进行调整，保持健康的心理状态，并固化为良好的心理素质，能乐观、淡然地面对自身的遭遇，从而为愿望和目标的实现打下坚实的基础。耐挫能力也就是我们通常说的挫折承受力，是指个体对挫折的可忍耐、可接受程度的大小，也就是个体适应挫折、抵御和对付挫折的能力。

### 二、影响挫折的因素

#### （一）客观因素

1. 自然环境因素

构成挫折的自然因素是指个人不能预料和控制的自然灾害（如地震、洪水、台风等），以及由于自然因素而引起的疾病（如 SARS、禽流感等）、事故（如车祸等）、学习环境恶劣等。对于大学生来说，疾病、家庭遭自然灾害导致贫困等都可能带来挫折，这些都是人们无法克服的客观因素。

2. 社会环境因素

构成挫折的社会环境因素是指个人在社会生活中受到的各种人为因素的限制与阻碍，包括政治、经济、法律、道德、风俗习惯等。我国正处在一个深刻的社会变革时期，这在客观上对当代大学生的心理造成了深刻的影响。

首先，市场经济呼唤人的主体意识，承认个人利益的合理性，鼓励积极竞争和个人的发展，要求人们锐意进取、开拓创新。原来安贫乐道、知足常乐的观念正受到挑战。面对这种变化，如何处理个人与他人、社会，个体发展和社会发展，合作与竞争等关系往往使成长中的大学生感到困惑，这些冲突会增加大学生的挫折感。其次，社会转型期对大学生的评价、需求也发生了变化。随着我国各项改革的进一步深化，大学生已不再是"天之骄子"，大学生毕业后会面临更为激烈的职业竞争，大学生必须和大多数同龄人一样为生存而拼搏。这些反差很容易使大学生产生挫折感。

3. 学校环境的影响

学校环境对大学生的心理挫折有直接影响。

（1）高校设施的陈旧。大学生往往对大学校园与大学生活有着美好憧憬，但现实中的大学校园环境及设施往往与想象中的有一定差距，尤其是地方性高校，各方面条件与大学生想象当中的大学差距较大，容易使大学生产生不满情绪。

（2）高校教学内容与管理方式的滞后。作为求知欲、成就动机非常强的大学生，他们往往希望学习最新的知识，能够在社会上大有作为，但是由于各种原因，部分高校的教学内容滞后于现实社会的变化和发展，知识陈旧。教学方法和手段与新型人才培养的要求不相适应，使大学生的失望感、挫折感油然而生。另外，由于部分高校不能根据新的社会发展适时调整管理模式，也不能根据大学生的个性发展、心理特征及时调整管理模式，使大学生的个性发展受到限制，极易使大学生产生不满与逆反心理。

（3）校园文化的偏差。近年来由于学业负担的沉重和就业压力的加大，校园文化出现气氛不浓、品位不高等现象，校园人际关系变得庸俗化，人与人之间的金钱关系、利益关系或多或少地存在，这些现象使不少大学生的心理难以平衡，产生孤独感、寂寞感与强烈的不适应感。

4. 家庭影响

家庭的一些潜在或显性的条件，如家庭的自然结构、人际关系、教育方式以及家长的素质等都对大学生的挫折心理有重要影响。有关研究表明，大学生的不少心理问题是与家庭生活的不良背景、早期不良家庭生活经历联系在一起的。自小娇生惯养和过分受保护、被溺爱的孩子进入大学后更容易产生心理挫折。

家庭的社会经济状况会对大学生的心理产生潜在影响，贫困大学生除了要面对所有大学生都要面对的个人发展与就业压力外，还要面临巨大的生活压力与经济压力，这也容易使其产生挫折感。

## （二）主观因素

1. 个体生理因素

生理原因主要是指个体由于生理素质、体力、外貌、某些先天不足所带来的局限和限制，导致活动失败，无法实现既定的目标。例如，由于身高不足而未能加入篮球队、礼仪队等。据调查，对自己的容貌、身材不够满意的大学生占有相当大的比例，他们往往信心不足，在人际交往等社会活动中处于劣势，这可能会给他们带来挫折感。

2. 生活环境的不适应

许多大学生第一次离开家来到一个全新的环境，一时难以顺利地完成角色转换。例如，水土不服、饮食不习惯、集体生活不适应、难以承受理想中的大学环境和现实之间的反差等，致使有些大学生因为生活中的一点困难或不如意，便产生挫折心理，出现孤独、苦闷、烦恼、忧愁等不良心理反应。另外，某些大学生的宗教信仰、风俗习惯得不到别人的理解，或个人的才能无从发挥，也容易产生挫折感。

3. 自我认知偏差

大学生还未完全成熟，往往不能正确地认识自我，取得一点成功时自我评价就会偏高，遇到挫折与失败时就会产生失败感，甚至自我怀疑与否定。另外，还有少数大学生的自我评价是消极被动的，一旦遇到困难和障碍便觉得"一切都没有意思"，就会变得畏缩不前，以致错过成功的机会。

4. 人际交往不适

在大学校园这一特定环境中，大学生具有强烈的归属感，对友谊、对朋友有着热切的依恋和期望。但由于交往经验和技巧的不足，交往过程中沟通不畅、关系失调、人际冲突等现象时有发生，容易产生挫折感。

5. 动机冲突

动机冲突也是引起大学生挫折的重要原因。在生活中，人们常常会同时产生两个或两个以上的动机，但是如果这些同时并存的动机不能同时获得满足，并且在性质上又出现相互排斥的情况时，就会产生动机冲突的心理现象。一般而言，大学生的动机冲突主要有四种形式。

（1）双趋式冲突，指对个体同时存在两个具有吸引力的目标，但是两者不可兼得、难以取舍的心态。例如，大学生对于先考研还是先就业往往举棋不定，难以取舍；有的大一新生在选择选修课时发现自己最感兴趣的两门课竟是在同一时间上课，只能选择其中一门，当他不得不"忍痛割爱"时，内心充满了深深的惋惜，甚至可能体验到某种程度的挫折感。双趋式冲突是大学生中最常见的心理冲突。

（2）双避式冲突，指同时有两个对个体而言都不喜欢的事物，两种都想躲避，但受条件限制，只能避开一种，接受一种，在做抉择时内心产生矛盾和痛苦。例如，有的同学既不想用功读书，又怕考试不及格，于是出现必须选择其中一个的心理冲突。

（3）趋避式冲突，指同一目标对于个体同时具有趋近和逃避的心态，这一目标可以满足人的某些需求，但同时又会构成某些威胁，既有吸引力又有排斥力，使人陷入进退两难的心理困境。例如，大学生既想担任学生干部使自己得到实际锻炼，又怕影响学习，这是一种两难的选择。

（4）多重趋避式冲突，指同时有多个目标时，存在着多种选择，但两个目标各有所长也各有所短，使人产生左顾右盼，难以抉择的心态。例如，择业时有两家用人单位可供选择，而每个单位又利弊相当，就有可能举棋不定而陷入这种冲突。

动机冲突常使大学生感到左右为难，内心极易产生激烈的冲突和焦虑不安的情绪。随着社会的发展，大学生选择的机会也越来越多，而由此带来的动机冲突也势必增加。

6. 情感问题

大学校园里发生的许多严重问题往往是由恋爱挫折引发的。与恋爱相关的问题，如单相思、失恋等都会使大学生产生心理挫折感。

## 第二节 大学生挫折类型及分析

大学生这一特殊群体容易产生的挫折有以下四类：

### 一、学习方面的挫折

进入新的学习环境，大学生的自我期望往往容易与客观现实形成强烈的反差。一方面，大学阶段的学习表现出不同的特点，这种学习的专业性与创造性令他们一时之间难以迅速适应；另一方面，大学校园汇聚了全国各地的优秀人才，这使个体自身的优势不再突出，加之宽松自由的生活氛围更容易使他们茫然无措。

大学生在学习上遇到挫折的主要原因有以下三个方面：

#### （一）不适应所学专业

大学教育的主要任务是为社会培养各专业的高级人才。不同专业之间的教学内容、教学设计及教学培养目标都存在较大差异，因此大学生必须根据自己的兴趣爱好和自身的知识能力选择适合的专业。有的学生因盲目报考、分数限制或投机选择冷门或热门专业，真正进入大学后发现自己根本不适合学习所选专业，从而导致他们产生消极心理，对所学专业的就业前景也失去信心。

#### （二）不适应大学的生活方式

大部分自理能力较差的学生很难适应大学生活，因为生活中的琐碎小事都需要自己处理，如打饭、洗衣、铺床叠被、打扫卫生等，如果不能妥善安排和调整，就无法适应大学生活，进而影响学习。每个大学生也都有其独特的文化教育背景、生活环境以及风俗习惯，那么与不同个性的同学在一起相处就难免会产生摩擦，如果处理不当则有损身心健康和同学友谊。

### （三）不适应新的学习模式

大学的学习模式与高中截然不同，大学采用自主的学习模式，教师不会过多地参与大学生的学习生活。大学生学习不能再依赖教师的监督和管理，而是要充分发挥学习的主观能动性。另外，部分大学生对时间缺乏合理的安排，不懂得该如何有效利用时间，常把时间浪费在看韩剧、玩游戏上面，甚至达到痴迷的地步。如果大学生不能把握学习时间，不能保证学习效率，那么随之而来的必然是学习成绩的下滑以及自信心的受损，从而造成学业失败，产生挫折感。

## 二、经济方面的挫折

目前一些贫困地区仍然存在"读高中会拖累全家，读大学要拖垮全家"的说法。调查问卷显示，大学生对"你会为经济问题而烦恼吗？"这一问题的回答，选择"经常会"的占70.68%，选择"偶尔会"的占17.24%，选择"从来不会"的仅占12.08%。这些数据表明，大学生会为经济问题而产生烦恼的比例高达87%以上，高昂的学费和生活费仍然是部分大学生沉重的负担。

有些大学生来自偏远地区的农村，家庭条件十分不好，但受不良社会风气的影响，担心被同学瞧不起，他们会盲目崇拜高消费、赶时髦，最后因无力追求"时尚"而产生自卑心理。

当代大学生经济方面挫折的具体体现：家庭经济困难的客观实际导致无力承担学费和生活费；因虚荣心而盲目攀比，无法满足高额消费。大学生一面背负着沉重的经济包袱，一面又背负着金钱刺激下的思想负担。

## 三、人际交往方面的挫折

美国心理学家戴尔·卡耐基曾说："一个人事业的成功，只有15%是靠他的专业技术，另外85%却要靠人际关系和处世技巧。"人际关系不仅是衡量大学生心理健康水平的重要指标，更是教会大学生为人处世，通往成功道路上的深厚基石。大学生的人际交往挫折有以下四种表现：

### （一）寻求深度交往，期望值过高

走进大学校园，离开熟悉的家乡和父母，在相对陌生的环境里，渴望友情、寻求归属感是大学生普遍的心理需求。他们希望所交往的每个人都是情投意合的密友，交友的高期望值、高标准反而导致朋友减少，人际交往遇到挫折。

### （二）目的多样化，方向性有误

大学生的思想不断成熟发展，其交友的目的也表现为多样性。例如，有的同学为发展事业、积攒资源而扩展人脉圈,有的同学是希望在交往的过程中提高自己的表达能力和社交能力。但大学生对与谁交往、如何把握交往时机、维持怎样的亲密度等问题缺乏经验,没有系统正确的认识,容易使人际交往受阻。

### (三) 自主性增强,自我为中心

大学生的自主性增强,可以凭借独特的人格魅力维系人际交往关系,但过多的关注自己的个性、爱好、需要、体验,往往容易忽视他人感受,不能站在对方的角度思考问题。个别大学生无法调适自己在人际交往中的角色定位,常常给人以孤僻、自我封闭的感觉,降低了人际交往的质量。

### (四) 方式多元化,范围受局限

网络的普及与发展促使大学生人际交往的方式变得多样化。便捷、开放的网络环境深受大学生的喜爱,通过网络既可以满足其猎奇心理,又可以缓解其现实生活中的压力,但真正的交往仍然在宿舍、班级和校园等有限的范围内进行。大学是大学生向社会过渡的重要场所,通过大学的学习生活,大学生的自我意识和独立性思维有所发展,但是他们大多社会阅历较少,情绪不稳定,难以用发展的眼光灵活地看待问题,有时无法有效解决人际交往中的矛盾,进而产生焦躁烦闷、委屈失落的负面情绪。

## 四、情感方面的挫折

情感是最珍贵的精神产物,大学生的情感具有特殊性。正值青年时期的大学生乐观开朗、朝气蓬勃,他们很热爱生活且会享受生活;正值青年时期的大学生心思单纯、可爱善良,他们很重视感情也容易产生感情挫折。概括起来,大学生常见的情感方面的挫折主要有三种。

### (一) 来自家庭的情感挫折

家庭是培养孩子情感的发源地,父母是孩子情感问题的调剂师。在日常教育工作中,通过与大学生的深入接触我们不难发现,在一个不和谐、不完整的家庭中,孩子很难体会到家庭的温暖,因情感缺失而极易走向极端;家庭关系不睦,父母之间的情感交流不和谐,在这样的家庭氛围中成长,孩子的感情容易变得敏感;由于经济原因,一些家境贫困的孩子个性倔强、要强,存在自卑心理。这些孩子常常孤立自己、逃离集体、拒绝老师和同学的善意关怀,长此以往造成心理上的压抑与苦闷。

### (二) 来自朋友的情感挫折

友谊之情深似海,友谊之花常不败。人生难得一知己,真正的友谊是人类情感中非常重要的一部分。在大学的美好时光里一起求学和生活,这使大学生们共同成长,成为彼此的好朋友、好知己、好闺密、好兄弟。但由于他们自身的性格特点和年龄发展规律,容易因朋友关系发生变动而产生情绪、情感的波动。有的大学生脾气倔强、个性骄傲，想要修复彼此之间的关系却不肯主动低头认错，又因矛盾升级所带来的焦虑和烦恼扰乱了情感的步调，影响了彼此正常的学习节奏和生活规律。

### （三）来自异性的情感挫折

大学阶段是恋爱的"高发期"，与异性热情交往是大学生心中憧憬的美好愿望。但是大学生对爱情的理解还很模糊，不能客观冷静地对待感情问题，一旦出现一点摩擦和矛盾就容易影响学习和生活。大学生在面对恋爱挫折时可能会出现灰心丧气、消沉颓废、整日愁眉苦脸、精神不振、失恋的阴影挥之不去、陷入痛苦之中无法自拔等现象；也可能会变得沉默寡言，把自己封闭起来不与异性接触。有的甚至伺机迫害、报复对方，这是爱情受挫而产生的过激心理和行为，极强的占有欲让他们失去理智，严重者还会采取自杀或杀人的极端方式。

## 第三节　大学生应对挫折的途径

开展大学生挫折教育需要社会、学校、家庭和大学生自身的共同努力，还需要相互结合、相互补充，形成稳定的教育系统。大学生挫折教育是一项长期渐进的教育工程，通过社会各界的共同努力并结合思想政治教育的独特性和针对性，不断创新思想认识，不断丰富教育内容，不断探索途径方法，最终形成教育合力，使大学生能够用阳光向上的心态，积极面对挫折与挑战，用顽强坚韧的意志为自己创造精彩人生。

## 一、发挥社会导向作用

### （一）政府完善相关政策

大学生挫折教育存在的问题是全社会共同关注的热点问题。政府应从制度或政策上发挥调控作用，从根本上解决社会问题。

1. 政府及教育部门就大学生挫折教育相关问题出台新政策

科学地制定一个相对完善的教育机制，从整体上提高全体社会成员的思想意识。积极调控各方教育力量、合理整合教育资源、创新教育途径与手段，将挫折教育融合在教育体系中，最终使大学生挫折教育向常态化管理和制度化方向发展。

2. 社会成员之间要加强联系，构建完善的社会支持系统

无论是教育专家还是社会工作者都应加强联系并大力支持校园文化和社会文化之间的相互融合。学校和社会联合起来形成稳定的社会支持系统是支持大学生挫折教育的重要途径之一。通过研究大学生所关心的话题、监控大学生的身心发展情况，并寻找合适的机会利用新媒体和社会文化机构加强与大学生的沟通和交流，结合当下社会形势，全面提升大学生的综

合素质。

3. 提高政府工作的透明度，集中解决关乎大学生前途命运的具体问题

近几年高校毕业生人数持续增长，社会上的工作岗位却趋于饱和，大学生就业问题成为最受关注的热点问题。因此，政府应竭尽全力创造良好的就业环境，保障公平的竞争机制，保证大型选聘制度的透明，使真正有才华、有实力、有理想、有道德的高素质人才获得工作岗位，并对其委以重任。只有不断地改善就业政策和就业环境，才能促进大学生形成正确的人生观，使其减少在竞争中的挫折感。

### （二）营造良好的社会氛围

随着社会主义社会的深化改革与发展，种种社会转型问题给涉世未深的大学生带来了新的困惑。在这种变革的大环境下，如果大学生不能及时转变观念，不能顺应社会的发展潮流，就很容易在残酷的社会竞争中被淘汰。如今许多招聘单位要考查大学生的智商、情商和逆商。逆商就是考查大学生能否冲破逆境，是否具有战胜挫折的能力。因此，社会各个组织机构要全力配合开展大学生挫折教育，为大学生营造良好的社会氛围贡献力量，提供科学合理的整改方案和相应的配套措施。良好的社会环境包括稳定的政治经济环境、浓郁深厚的文化氛围、正面健康的社会舆论、特色鲜明的风俗习惯以及优良的民族传统等。这是全社会各个成员、各个组织机构都应积极履行的义务，共同保障大学生的身心健康发展。对大学生进行挫折教育，新闻出版社印发励志读物，社会媒体录制励志短片，免费参观各类博物馆、纪念馆以及为大学生的实践活动提供文化场所和教育基地等，社会各界配合家庭教育、保持社会教育和学校教育的一致性和连贯性。大学生在良好的社会氛围中不断提高自己的逆商，增强抗挫折能力，不断完善自己。

## 二、突出学校主力作用

### （一）加强思想政治教育的针对性

当今复杂社会环境下衍生出了许多困难和挫折，高校的思想政治教育要在科学理论的指导下，实施科学的、有计划的、有组织的社会实践活动，针对性地解决实践中产生的现实问题。高校教育的目的是培养高素质人才，因此对大学生的培养教育就不能仅仅是思想政治教育，还应加强对其意志品质的磨炼和心理健康的引导，从而促进其全面可持续的发展。在传统德育中加入挫折教育可以增强思想政治教育的针对性，也是对大学生学校教育的补充与细化。

1. 传统的高校德育思想教育多，心理教育少

我们要遵循大学生的身心发展特点和规律，积极开展心理健康教育，让大学生了解心理知识，减少消极思想和消极的情绪状态；让大学生掌握简单的心理调节方法，增强其抗挫折的能力。

2. 传统的高校德育正面教育多，挫折教育少

从小学的思想品德教育提倡拾金不昧、见义勇为，到高校德育倡导杜绝拜金主义、享乐

主义，思想政治教育宣扬的多为正面教育，而很少涉及挫折教育。在新形势下，高校的思想政治教育课和心理健康课应加入挫折教育内容，让大学生学会如何主动调整心态，理性、冷静地处理问题。

3. 传统的高校德育共性教育多，个性教育少

我们在对大学生进行挫折教育时要兼容共性教育和个性教育，这不仅体现教育多样性的特点，也是适应每位大学生在面对挫折和解决问题时的独特性。当大学生遭遇挫折和困难时，解决问题的方法并不是千篇一律的，而是要依据自身的思想特点和心理活动特点，自觉选择战胜困难的办法，在应激状态下充分发挥个人潜力，充分展现个人魅力与实力。

## （二）丰富挫折教育内容

1. 加强理想与责任的价值引导

面对挫折存在的普遍性，有意识地进行理想与责任的价值引导，可以帮助大学生客观地看待挫折产生的原因，理智地控制面对挫折的情绪，通过正确的价值取向指引人生道路。理想信念教育是大学生挫折教育的"精神之钙"。树立爱国主义理想，大学生可以在祖国危难之际挺身而出，维护正义，保护祖国；树立集体主义理想，面对诱惑时，大学生可以保持自我清醒，并从大局出发，不为一己之利而损害集体利益；树立社会主义理想，大学生要坚定地沿着中国特色社会主义道路前进，为实现伟大复兴的中国梦而努力奋斗。责任感教育是大学生挫折教育的思想之魂。一个人真正的成长是学会勇于承担责任。大学生面对挫折和困难时不可推卸责任，不能做出损害他人和社会安全的危险行为。培养大学生的责任意识不仅有利于大学生养成认真负责的态度，也有利于其主动承担战胜挫折的责任，提高其战胜挫折的积极性。

2. 培养大学生坚强的意志品质

学校可以从以下三方面来重点培养大学生的意志品质：

（1）树立目标，拟定计划。大学生想要攻克学习和生活上的难关，可以将其分成小目标来逐一完成。大学生的意志力也需要通过树立短期或长期目标，做好计划并在持之以恒的锻炼中加以提高。

（2）创设情境，培养品质。在教学中通过列举实例来创设情境活动，将课堂教学作为培养良好意志品质的开端。例如，在课堂上多列举因为意志坚强而战胜困难的实例，使大学生意识到具有坚韧、顽强的意志品质是战胜挫折的有力武器。

（3）关注集体，重视个性。在集体中，有的人天生勇敢，在困难面前毫不退缩，果断地采取行动战胜挫折；而有的人生性怯懦，不能冷静地对挫折情境做出判断。在对一个集体进行挫折教育和意志品质的培养时，不应在追求集体效应的同时忽略大学生本身的个性差异，只有在追求共性的同时又发挥个性优势，才能收到良好的教育效果。

3. 创新挫折教育形式

创新挫折教育形式不仅可以解决教育途径单一的问题，还是提高大学生挫折教育的有利

手段。在开展大学生挫折教育的过程中,应用严谨的态度积极探索符合大学生身心特点的方式方法,用科学合理的方式解决大学生面临的现实问题。从不同角度分析、探索大学生挫折教育的形式,创新挫折教育的形式主要有以下四点:

(1) 挫折教育的主要方式是增设心理健康课程。心理健康教育是思想政治教育的重要内容之一,通过开设心理健康课程传播相关的心理学知识,是大学生挫折教育的重要实现途径。传统的教育方法不能满足思维力趋于成熟、自我意识深刻唤醒的大学生的现实需求,传统的教育方式不能很好地把握大学生的兴趣所在,不利于大学生抗挫折能力的拓展。所以,在课程的形式上,教师应突破传统的讲授模式,充分利用新媒体和活动激发大学生的学习兴趣,通过调动大学生的好奇心来引导其主动参与学习,积极实现师生的良性互动;在课程内容的安排上,教师应多考虑大学生身心发展的特点,充分运用幻灯片、音(视)频资料,在传授理论知识的同时,结合典型丰富的案例来增加说服力和吸引力,强化大学生的理解与运用能力。

(2) 开展丰富多彩的课余活动,充实大学生的精神生活。大学生拥有一定的弹性学习时间,可以自由安排课余生活。能够利用自己的课余时间参加或创建自己喜爱的社团,丰富多彩的社团活动不仅提供展示自己的绚丽舞台,而且能尽情释放自己在学业中遇到的压力。同时,大学生可以明确自己在社团或学校组织中的角色地位,在多样的活动中着重锻炼自己的相关能力,进一步拓展人际关系,在不断总结和反思中进行自我优化和自我完善。学校可以在大学生组织的社团活动中渗透挫折教育,不仅能有效传播,而且容易被接受。

(3) 加强心理辅导,增进师生信任。学校应依据个人情况给每位新生建立心理档案,在日常的学习生活中,不定期、不定时地对大学生进行心理调查和测试。经过一段时间的观察比较,教师应及时与自卑、焦虑的大学生进行沟通,分层分批进行心理辅导,有针对性地进行教育引导,帮助大学生顺利渡过难关,重拾自信。

(4) 增设合理的挫折情境,提高挫折承受能力。各个高校应增设大学生的社会实践教育课程,合理设置一些挫折情境,让大学生在体验挫折的过程中接受相关的理论知识,并将其所学知识运用到实践中去,这样可以使大学生的挫折教育达到事半功倍的效果,大学生还可以在具体情境中达到"知行合一"的境界。大学生在校期间适当地经历挫折情境的磨炼,可以培养坚强的意志品质,从而以最饱满的姿态走向社会。

## 三、重视家庭基础作用

### (一) 父母把握角色示范作用

在家庭教育中,有效把握父母的角色地位十分重要。优质的家庭教育,不在于"说",而在于"做"。为了提高家庭教育的质量,父母要不断提升自身的文化素质和理论修养。同时要学习挫折教育的相关知识,重视孩子的心理健康。父母要善用不断更新的知识与方法,科学引导和培养孩子健全的人格和健康的心理。

父母要积极参与学校的教育活动，加强与学校的联合。父母可以利用电话、短信、微信、微博，建立QQ群以及访问校园网站等方式及时了解孩子的身心动态信息，加强与孩子的心灵沟通，以确保有针对性地进行教育。即使孩子已经进入大学学习阶段，父母也要注重对孩子的教育与引导，使孩子充分认识到自己的个性和能力，挖掘其特长与爱好。情感是需要交流与维系的，所以父母要充分利用假期陪伴孩子，让孩子在丰富的情感中建立自信与自尊，勇于面对挫折，自由而全面地发展。

### （二）构建和谐的家庭氛围

在和谐欢乐的家庭氛围中成长的孩子，大多数具备积极进取、性格开朗、思维敏捷等特点；在不和谐的家庭环境中成长的孩子，对待事物更容易缺乏正确判断，甚至固执、不求上进。

为促进大学生挫折教育而营造良好的家庭环境应做到以下两点：第一，确立和谐民主的家庭关系，构建自由平等的家庭地位，在健康的家庭环境中，各成员之间地位平等且相互尊重、信任；第二，父母应自觉做好孩子的人生导师，不断提高自身的内在修养，通过言传身教帮助孩子成长。

### （三）适当创设逆境

父母在家庭教育中要重视挫折教育，有意识地给孩子设置一些障碍，让他们体验挫折。父母的溺爱会降低孩子独立解决问题、战胜挫折的勇气，所以要锻炼孩子吃苦耐劳、顽强拼搏、自主独立的精神和能力。

## 四、激发学生主体作用

### （一）建立积极的心理防御机制

心理防御机制是指个体面临挫折或冲突时，实现自我对本我的压抑，使自己在焦虑和不安中解脱出来。个体自觉或不自觉地调适内在心理活动，以恢复心理的适应性、倾向，最终达到平衡稳定的心理状态。这种自我防御功能有积极作用，也有消极作用。一方面，积极的心理防御能够帮助大学生减轻内心冲突，摆脱痛苦，宣泄受挫后的不良情绪，将苦闷转化成动力，迅速调整自己，投入新的学习生活当中。另一方面，消极的自我防御会欺骗自己，逃避现实，怀疑自己战胜挫折的能力，久而久之就会造成严重后果。因此我们要建立积极的心理防御机制，如升华、自嘲等。

### （二）建立和谐的人际关系

和谐的人际关系是有效的社会支持资源，不仅是面对困难、战胜挫折的制胜法宝，也是拥有美好生活、美丽人生的必修课。良好的人际关系需要彼此思想和感情之间的真诚交流，双方在不断调整自己的同时还要学会理解对方，互相依赖。大学生要积极搭建和扩大自己的人际交往圈。当大学生处于困境中时，父母的关心、老师的指导以及朋友的帮助都是无比珍贵的财富。

【思考题】

1. 最近你是否遇到了不愉快的事或者遇到了挫折？你认为应如何应对？
2. 如何培养自己的抗挫折能力？

# 第六章　大学生生命质量

【学习目的】
- 掌握诚信和责任的概念，了解相关教育内容。
- 强化感恩意识，学习感恩教育的过程。
- 理解幸福的内涵，学习获取幸福的途径。

## 第一节　诚信与责任

中华民族历来重视诚信和责任，始终认为"诚"是"天之道"，是道德的本体和自然的规律，人们的道德修养必须遵循"天之道"。责任是一种使命，是一种无可推托的任务，是推动社会发展的原动力，是人类在生存和发展过程中形成的一种对于自身心理和行为的常规准则。

### 一、诚信的含义

#### （一）诚信和诚信教育

"诚信"的意思是诚实、守信用。其中诚实就是一言一行跟内心思想一致，说话办事不弄虚作假。可以说，诚信在中国的现代内含就是诚实与守信。这里的"诚实"就是一种行为，要求人的行动必须传达真实的信息。要求我们真心诚意，对他人、对自己一定要真实，说老实话、办老实事。既不自欺也不欺人，达到心诚、言诚与行诚的统一。所谓"守信"，意思是"遵守诺言，有信用"，就是我们一定要遵守自己的诺言，一旦自己承诺了就要想办法克服困难，实现许下的诺言，这样别人才能够信任自己。

诚信教育，总的来说是一种世界观教育。大学生诚信教育指高校教育工作者根据社会主义社会发展的本质要求以及大学生自身的实际情况，探索和遵循人的优良品质中"诚信"的形成规律，采用有针对性的教育教学方法，对大学生进行有目的、有计划、有系统的教育和影响，帮助大学生将优秀的诚信品质内化为自己的心理品质，培养其诚信的道德认知的教育过程。大学生诚信教育旨在培养大学生关于诚信的道德认知，并使之外化于大学生自身的实际行动中。

## （二）大学生诚信教育的主要内容

### 1. 学习中的诚信教育

大学生要正确对待学习，遵守国家的法规和学校的规章制度，树立牢固的诚信学习意识，求真求实、求诚求信，并且能通过自律防止一切有悖于诚信的态度与言行。大学生在自己坚守诚信的同时，也要坚决抵制校园里不诚信的学习行为，共同营造校园宁静的学习环境和良好的诚信氛围。

### 2. 交往中的诚信教育

大学生正处在社会化的重要阶段，需要交往，更需要学习如何交往。要保证交往的成功，诚信不可缺失。大学生的交往也是塑造大学生能力、人品、风度等品格的重要方面，诚信有利于大学生交往的成功，有利于大学生高尚道德的培养，因此对大学生进行诚信交往方面的教育极其重要。

大学生之间交往应该强调以道义为本，注重推己及人、体谅关心、坦诚相见。师生交往是大学教育中最基本、最重要，也是发生最频繁的交往形式，在师生诚信交往教育中，要求大学生无论是在学习上，还是在生活中，都要积极地与教师沟通，将自己的所知所想如实地告诉教师，遇到问题及时请教教师。只有这样，才能在学业中不断进步，在生活中不断成长。大学生还要诚信地对待家长，如实地汇报学习、生活、情感等方面的情况。大学生在与社会其他群体的交往过程中，应该做到无论与什么样的社会人群交往，都本着诚信的原则。

### 3. 校园活动中的诚信教育

大学生的活动主要发生在校园范围内，以校园中的社团活动为主。大学生的社团活动及其发展，除了依靠社团规章和一些约定俗成的规则之外，还依靠社团内的氛围。社团活动的影响往往还会扩展到社团之外，因此校园活动的诚信氛围同样对大学生有着重要的教育意义。大学生一旦成为社团成员参加活动时，就要服从一定的组织形式和纪律要求。社团负责人应以身作则，以诚信原则开展社团活动。

### 4. 择业中的诚信教育

大学生的诚信品质无论是在大学生求职过程中，还是在大学生从业过程中都具有重要意义。因此，在大学生走向社会之前，就应该对他们进行诚实守信的职业教育。

大学生在择业过程中要讲究诚信，在个人求职材料中应实事求是地介绍自己的平时表现及成绩，并展示自身的真实品格，接受考察、评价与检验。大学生在择业时必须正确处理与用人单位的契约关系，充分利用自身的优势条件，借助双向选择的有利性，慎重选定自己满意的单位，与用人单位签订就业协议时不能随心所欲，更不能肆意变更与用人单位已签订的就业合同。

## （三）大学生诚信教育的特点

### 1. 特有的示范性

大学生作为社会发展和建设中的重要成员，对社会的发展有特殊的作用，他们的行为对其他社会群体有直接的示范作用。大学生诚信教育目标必须与思想政治教育工作的总体目标相一致，在内容上，以诚实守信为核心，用诚信的意识理念引导大学生树立正确的诚信观；在要求上，以明礼诚信作为重要内涵，增强大学生诚实守信的意识，树立以诚信为荣、以失信为耻的道德观念；在实施上，以诚信态度为指导，使大学生始终坚持实事求是的原则，从做具体的事情开始，以诚信的态度面对实际生活。

2. 学校的主导性

大学生诚信教育的开展，在内受自我道德修养的能动性和创造性的影响，在外受来自社会、家庭和用人单位等客观环境多方面因素的影响，受多个因素影响和制约。但总的来说，学校在大学生诚信教育系统中占有具体组织和统一管理的主导地位。学校应当调动一切有利因素，保证大学生诚信教育具有全面性、协调性和可持续发展性。

3. 鲜明的时代性

人类社会处在不断的发展和变化中，当前诚信与利益的矛盾日益凸显，有的大学生受功利主义的影响，只图收获，不讲奉献，在现代多元文化不断地碰撞和融合中，传统的道德准则已经逐渐失去原有的约束力，个别大学生放松自我要求，出现不诚信行为。大学生诚信教育应该紧跟时代的步伐，针对时代发展出现的新问题、新理念，不断完善自我。

## 二、责任的含义

### （一）责任和责任感

责任是伴随着人类社会的产生而产生的，有了社会就有了责任。责任是指一个人对自我、他人、家庭、社会、国家和民族应尽义务的自觉状态。责任有三重含义：一是使人担当起某种责任，二是分内应做之事，三是因做不好分内应做的事而应承担的过失。责任分为道德责任、法律责任、社会责任、家庭责任和生命责任等。

责任感是指个体对自己在承担人类社会和自身发展的责任中做出的行为选择、行为过程及后果是否符合内心需要而产生的不同态度的情感体验。

责任和责任感有着本质的区别，责任是人分内应做之事，同时需要一定的组织、制度或者机制来促使人尽力做好，所以责任就有被动的属性；但责任感是一种自觉做好分内事情的心理状态，具有主动的属性。

### （二）大学生责任教育的主要内容

大学生责任教育的内容是多方面的，可以从个体本身分析，也可以放到更加宽广的领域，从个体与群体、个体与社会、个体与国家、个体与民族的关系中去把握。

1. 对自己的责任

个人对自己的责任，即对自己的人生历程负责，基本要求就是珍惜生命并追求生命的价值。具体来说可概括为自爱、自尊、自律、自强。

2. 对家庭的责任

家庭和睦是构建和谐社会的基础。大学生不仅要在社会中做一个好公民，还要在家庭中尽力承担责任，自觉践行道德规范。

**3. 对他人的责任**

个人对他人的责任是一个人对他人的生存与发展所承担的责任和使命。个人的发展需要主观努力，同时也必须依赖他人的帮助。个人对他人的责任最基本的要求是关心、帮助他人。个人对他人的责任还意味着要以言论和行为来制止那些危害他人生命、财产的行为，勇于与危害他人利益的人做斗争。

**4. 对社会的责任**

个人对社会的责任，就是对国家的前途、民族的命运、社会的进步、世界的发展和人类的幸福负责。人生活在社会中，享受着社会生活的种种便利，也应根据自己在社会系统中的地位承担起对社会的相应责任。

**5. 对国家的责任**

国家不是个聚集体而是一种联合体，意味着国家的存在与发展是符合个体需要的，因此个体应自觉以国家成员的要求规范自己的思想和行为，把个人利益与整个国家的利益融为一体。

**6. 对生态环境的责任**

当前破坏生态环境的行为依然存在，"尊重自然"要求我们尊重复杂的生命网络，关爱动植物，保护自然环境。因此，当代大学生应当树立生态伦理意识。

### （三）培育大学生责任感的原则

**1. 自爱和爱人相结合**

坚持自爱与爱人相结合的原则，是因为自爱是爱人的前提，爱人是自爱的拓展与延伸，是自爱的完善与补充。自爱就是对自己的爱，是人对自己的一种感情和意识，是人在道德生活中对自己的存在、权利、利益、价值、人格尊严、主体性的尊重与爱护，它体现着自我管理、自我维护的精神，体现着个体责任感的意识。

自爱原则是培养大学生责任感的首要原则。人是肉体和精神的统一，自爱包含了对物质生命和精神自我两方面的爱。对物质生命的爱是生命自保；对精神自我的爱是自我人格的独立，是维护自我尊严以及对生活的热爱和追求。爱人是自爱的具体体现，是对自爱的补充、延伸和升华。没有爱人的责任，自爱就不完整，自爱与爱人统一于一个人的爱心之中。

因此，培育大学生责任感就必须坚持自爱与爱人相结合的原则，使其在爱护自己生命的同时，拥有独立的自我人格，维护自我尊严，对生活充满热爱和追求，宽容、关心和帮助他人。

**2. 理论与实践相结合**

实践是理论的来源，理论又为实践提供指导和基本方法论，没有理论指导的实践是盲目的，没有实践的理论是空洞的，两者相互联系、不可分割。培养大学生责任感应坚持理论与实践相结合的原则，这是一个动态的、反复的过程，只有在多次反复中才能相互影响、相互促进，从而达到理论指导实践，实践反作用于理论的效果。

培养大学生责任感，除了要提高大学生的理论认识水平，更应该把理论贯彻到实践中，进一步增强大学生的执行力。因为主客观因素的影响，当代大学生的理论认知与实践往往有偏差，普遍表现为大学生的理论水平较高而实践能力较低，特别是在缺乏他律的情况下。

3. 自我实现与社会发展相结合

自我实现主要是指实现自身价值，体现之一是能为社会做出贡献。自我实现应该尽可能与社会发展结合起来，实现两者的统一，这样自我实现的同时也能促进社会的发展。

自我实现之所以要与社会发展相结合，是因为在社会生活中，自我实现不仅仅是个人的事情，还影响着他人和社会的发展。个人对社会的贡献越大，得到社会的尊重和满足就越多，也就是对社会的贡献越大，自我价值越高。

个人发展与社会发展是一致的，互为前提和基础。个人发展离不开社会发展，自我实现最终取决于社会发展的程度。同样，社会发展也是建立在个人对社会所做贡献的基础上的。如果每个人都能最大限度地实现自己人生的真正价值，那么社会也会不断发展和进步。生命的意义在于实现自我价值和促进社会发展，只有两者有机结合，生命才能完整。

## 第二节  学会感恩

感恩是人性本善的反映，是中华民族的传统美德，也是文明社会中最基本的道德准则。对大学生而言，学会感恩更是其完善自身生命和人格、提升道德境界的需要。但是，大学生缺乏感恩意识的现象并不罕见。培养感恩意识，有利于大学生正确看待世界，珍惜生命。感恩教育已成为当前高校大学生教育的一个重要着力点。

### 一、感恩教育的含义和特征

#### （一）感恩和感恩教育

感恩的意思是对别人所给的帮助表示感谢，是对他人帮助的回报。古今中外，感恩是被人称颂的品德，是社会文明、和谐发展以及人与人之间和睦相处的润滑剂，是个体作为合格社会成员的基本品德。我国是一个历史悠久的文明古国，既提倡"知恩图报"的行为，更推崇"施恩不图报"的善行。

感恩意识的培养和形成需要教育。感恩教育是指教育者遵循人们思想品德形成和发展的规律，用一定的思想观念、道德观点，对受教育者施加有目的、有计划、有组织的影响，培养他们识恩、知恩、感恩、报恩乃至施恩的社会实践活动。感恩教育包括三个层次：一是认知层次，要认识和了解自身所获得的恩惠和方便，并在内心产生认可；二是情感层次，要在认知基础上，衍生出一种愉悦、温暖和幸福的情感，从而转化为一种自觉的感恩意识和一种回报恩情的冲动；三是实践层次，要将感恩的意识和回报的冲动转化为报恩乃至施恩的行为，并形成习惯，即回报恩情、乐善好施、甘于奉献等。这三个层次相辅相成，构成一个有机的统一体。

### （二）大学生感恩教育的特征

1. 大学生感恩教育的内容具有全面性

大学生感恩教育要取得良好的效果，应当包括各方面、各领域、各层次的广泛内容。如果只专注于某一方面，就会出现感恩行为的失衡。

2. 大学生感恩教育的环节具有兼进性

大学生感恩教育需要各个环节同时进行。如果单纯从某一环节施加教育和影响，或者考虑具体情况，机械地按照感恩认知、感恩情感、感恩意志、感恩信念、感恩行为和感恩习惯的顺序进行大学生感恩教育，难以取得良好的效果。

3. 大学生感恩教育的起点具有多样性

大学生个体所处的家庭环境、所受的社会影响及生活经验和个性特征不同，每个大学生的感恩水平也不尽相同。因此，在进行感恩教育时应考虑大学生的具体情况。

4. 大学生感恩教育的过程具有复杂性

大学生感恩教育不仅要传授感恩知识，而且要培养大学生良好的感恩意识和正确的感恩行为习惯。因此，大学生感恩教育更艰巨、更困难、更复杂。

## 二、大学生感恩教育的内容

从施恩的角度来看，恩情主要来自父母、老师、社会、他人、党和国家、大自然等方面。因此，大学生感恩教育应包含以下五个方面的内容：

### （一）感恩父母的养育

感恩父母的养育之恩，在中外感恩文化中都占有重要地位。感恩父母的养育之恩是道德实践的基点，因为个体的来源是父母，对父母养育之恩的认可实际上包含着对自我的认可。只有认识到父母对我们的恩情并真切回报，才能发展到对他人、社会和国家等方面的感恩。

### （二）感恩学校和教师的培育

当个体进入学校，在教师的启迪下开始智力方面的学习后，父母的教育成为智力教育的辅助。尤其在大学阶段，大学生离家住校，父母的教育方式随之改变，大多以电话和网络的方式进行。大学生价值观培养和智力的发展较多地依靠教师。在现代社会，尊师重教也是重要的道德规范和行为要求，尤其是在知识经济时代下，教师的引导对个人成长、成才至关重要。由此，感恩学校和教师应成为大学生感恩教育的重要内容。

### （三）感恩社会和他人的帮助

个人的发展离不开他人的帮助和良好的社会环境，个人成长于社会之中，无时无刻不与他人发生联系。因此，感恩教育的内容应包含对社会和他人的感恩。当代大学生的生活与社会联系紧密，所以应培养对社会和他人的感恩之心，从而营造良好的社会氛围。

### （四）感恩党和国家的关怀

伟大的祖国给予当代大学生接受教育的基本物质条件，伟大的党塑造了当代大学生的灵魂。当代大学生是生在新社会、长在红旗下的一代，受着党的阳光普照，沐浴在国家的雨露中，党和国家的关怀滋润着他们，使他们在学习上不断进步，思想上不断成熟，意志上更加坚强。因此，新时代的大学生应将党和国家的恩情牢记心间，树立报国之志，为祖国的繁荣富强贡献自己的一份力量。

### （五）感恩自然环境的赋予

自然环境是人们赖以生存的空间，自然环境赋予人们充足的空气、灿烂的阳光，没有自然环境的赐予，人们就不可能生存。人们吃、穿、住、用、行等日常生活中的一切都离不开自然环境，所以大学生要感恩自然环境。当前，人与自然的矛盾十分尖锐，人类对自然的开发利用和索取，超过了自然的承受能力，造成生态破坏和环境恶化。感恩自然的最好方法就是合理利用资源，保持生态平衡，保护大自然。因此，大学生应克制自己的欲望，约束自己的行为，珍惜资源，爱护家园，与大自然和谐相处。

## 三、大学生感恩教育的过程

### （一）提高大学生的感恩认知

提高大学生的感恩认知，主要是帮助大学生正确了解和掌握感恩的原则、规范和范畴等。在此阶段，感恩教育的重要任务是促进大学生解决两方面的矛盾：其一是解决对于感恩从不知到知、从片面的知到全面的知的矛盾；其二是解决对于感恩正确的认知与错误的认知的矛盾。通过解决这两方面的矛盾，提高大学生的感恩认知。

大学生学习感恩是通过不懈地学习获得关于礼、义知识的过程，包括向书本学习，学习感恩的基本原则与规范；向群众学习，学习感恩人物与身边平凡人物的经验和事迹；向实践学习，积极在各种感恩、施恩实践活动中提高自己的感恩认知。

### （二）陶冶大学生的感恩情感

大学生对感恩的基本知识有了认知，但并不一定能真心实意地按照这种知识的要求实施感恩行为，因为这里包含一个情感问题。陶冶感恩情感阶段的主要任务是使大学生形成与感恩认知相一致的感恩情感。

在大学生感恩品质形成的过程中，感恩情感具有比感恩认知更大的稳定性，形成或改变某种感恩情感，比形成或改变某种感恩认知更长久，也更困难。大学生形成或改变某种感恩情感，不但要依靠大学生的理性，更要依靠大学生在感恩实践中的长期历练。

### （三）锻炼大学生的感恩意志

一个大学生是否具有顽强的感恩意志，既是他是否具有感恩品质的重要体现，也是他是否具有这种感恩品质的重要条件。大学生践行感恩的原则和规范，并非畅行无阻；相反，不仅需要做出或大或小的自我牺牲，还需要克服来自自身能力的限制、个人欲念的冲突、情绪状态的干扰等。当各种不利情况出现时，大学生如果没有顽强的感恩意志，就有可能在感恩实践活动中放弃初衷。所以，在大学生感恩教育中，必须引导大学生锻炼坚强的感恩意志。

### （四）确立大学生的感恩信念

大学生在接受感恩教育和积累感恩实践经验的基础上，会逐步达到相应的感恩认知、感恩情感和感恩意志的有机统一，确立正确的感恩信念。大学生一旦牢固确立了感恩信念，不仅能够以强烈的感恩责任感，自觉自愿地按照感恩原则与规范的要求践行感恩，还能够以坚韧不拔的毅力，排除一切艰难险阻，持续践行感恩，并取得良好效果。

### （五）规范大学生的感恩行为

大学生感恩教育既要使大学生懂得感恩的道理，更要使其在感恩实践中身体力行。只说不做、言行脱节，是道德虚伪的表现。在加强感恩知识学习的同时，必须引导大学生积极参与各种感恩、报恩、施恩的实践活动，把大学生对感恩的认知融于报恩、施恩的实践当中，引导大学生把感恩的基本原则运用于学习、家庭和公共生活等主要领域，在实践中检验、深化对感恩的认知。

### （六）养成大学生的感恩习惯

大学生感恩教育要达到的最终目标，在于使大学生真正养成按照感恩要求进行感恩、报恩、施恩的行为习惯。良好的感恩行为习惯影响着大学生的性格、情感、意识、思想。所谓"积土成山，风雨兴焉；积水成渊，蛟龙生焉；积善成德，则神明自得，圣心备焉。故不积跬步，无以至千里；不积小流，无以成江河"，只有不断地去积善，才能养成良好的感恩、报恩、施恩的行为习惯。

## 第三节　追求幸福

追求幸福是人类发展的终极目标，培养幸福的人则是教育的终极目标。近年来，科学技术取得了飞跃式的发展，生产力水平得到了巨大的提升，物质财富的发展达到了前所未有的水平。但是物质水平的空前提高却没有使人们的幸福感得以增长，财富的增长与幸福感的增长并不同步。在这样的时代背景下，加强大学生幸福教育，不仅是社会健康和谐发展的需要，也是高校的职责所在。

## 一、幸福和幸福观

"幸福是什么"是千百年来人们一直争论不休的话题。康德曾感叹:"不幸的是幸福的概念是如此模糊,以至虽然人人都在想得到它,但是,谁也不能对自己所决意追求或选择的东西说得清楚明白、条理一贯。"幸福主要来自每个人的自身感受,在人类追求幸福的历史中,很多学者从不同角度、不同领域研究过幸福。

构成幸福的十大基本要素包括:平和的心态、渊博的知识、高尚的品格、健壮的体魄、成功的事业、纯洁的爱情、真挚的友谊、自由的思想、适量的金钱、质朴的真理。由此可见,幸福的关键在于人们的生活态度,是心灵的慰藉和满足,是人们对于客观世界的主观看法和感受,是主观与客观的辩证统一。

幸福观是人们对幸福的根本看法,包括对幸福的认识、获取幸福的方式以及幸福的标准,是人们世界观、人生观、价值观在幸福问题上的反映。

## 二、幸福的类型

人类的需求可以分为物质需求、精神需求和社会需求,这与马斯洛的需要层次理论相类似,幸福可以进行以下三种分类:

### (一)物质幸福

物质幸福是指物质生活的幸福,它是人的物质需要、欲望和目的得以满足而实现的幸福。其最直接的表现形式是生活富裕和身体健康。物质幸福包含了马斯洛需要层次理论中的生理需要和安全需要,是一种低层次需要得到满足后的幸福。马斯洛认为当低层次需要得以满足后才会产生和发展高层次的需要,因此物质幸福是精神幸福和社会幸福的基本保障和起点。

### (二)精神幸福

精神幸福是指人在精神和灵魂方面的需要与欲望的满足,主要包括自我实现需要的满足、审美需要的满足和认识与理解需要的满足。其主要表现形式是自我实现时的高峰体验以及自我创造潜能的实现等高级需要的满足。人类和其他生物一样具有对食物的需要,某些高级生物也和人类一样有爱的需要,而自我实现的需要是人类独有的。精神需要得以满足的幸福无疑是一种处于高级阶段的幸福,同样也是最难以实现的幸福。

### (三)社会幸福

社会幸福是指人际交往中的幸福,是人的自尊需要和归属与爱的需要得以满足后产生的幸福。其主要表现形式是完整的人际网络和良好的亲情、友情、爱情、权利、名誉和欲望的满足。幸福的家庭、良心和道德的满足等均属于社会幸福范畴。社会幸福有别于物质幸福和精神幸福,它是以社会为中心的,而物质幸福和精神幸福都是以个体为核心的。

## 三、幸福教育的意义

### （一）幸福观的现状

当代大学生的幸福观总体上是积极、健康、向上的，但也存在一定的问题，大学生中不同程度地存在对幸福理解的偏差。

1. 拜金主义、享乐主义幸福观

目前，相当一部分大学生认为拥有金钱便拥有幸福，把金钱作为人生追求的唯一目标，以金钱的多少来衡量人生幸福程度的高低。他们把追求金钱、物质享受摆到了人生中越来越重要的位置。这种畸形的幸福观不仅造成社会财富和资源的巨大浪费，而且严重影响大学生的身心发展，导致其思想道德素质下降。

2. 个人主义幸福观

部分大学生还表现出以自我为中心，一切从个人需要和个人利益出发的个人主义幸福观。随着社会主义市场经济的快速发展，部分大学生认为每个人都是独立的个体，认为幸福是自己的事情，不需要考虑任何人，每个人都可以按照自己的感觉、欲望去追求自己所理解的幸福。这种个人主义幸福观忽视了集体和他人的幸福，最终导致部分大学生的冷漠及责任心的丢失。

3. 安于现状的幸福观

当代大学生绝大多数是独生子女，从小到大受到来自家庭成员的宠爱。一方面，物质的充裕使得他们安于现状，对幸福缺乏积极的创造意识；另一方面，一些大学生为避免理想和希望破灭带来的挫败感，宁可放弃或降低理想，也不愿意尝试和争取理想。这种错误的幸福观导致很多大学生逃避奋斗，不愿意通过自己的努力来追求幸福。

### （二）幸福教育的必要性

1. 幸福教育能够促进大学生身心健康发展

教育应该始终关注人的幸福，以培养幸福大学生作为教育的目的和使命。加强大学生幸福教育，秉承"以人为本"的教育理念，引导大学生建立起对待生活的积极态度，能够促进大学生身心健康发展，从而让他们科学把握幸福的真谛，懂得应该怎样努力才能拥有真正幸福的生活。

2. 幸福教育能够推进思想政治教育的创新

幸福是人的根本需要，因此加强大学生幸福教育，使之成为思想政治教育的重要内容，能够推进思想政治教育的创新，改变大学生被动接受的局面，使思想政治教育取得实效。加强大学生幸福教育，在内容上直面他们生活中的重要现实问题，贴近他们的生活追求，为思想政治教育奠定丰富的生活底蕴；在形式上幸福教育使教师必须把视线投向生活，采用多样的教学方法和手段，最大限度地调动大学生感受幸福和创造幸福的积极性和主动性。

3. 幸福教育是建设"幸福中国"的需要

大学生幸福教育的最终目标是通过对个人正确幸福观的培养达到对社会整体幸福的建

构。如果每个大学生都能拥有正确的幸福观，都能把社会整体利益的发展作为实现个人价值的前提，那么个人幸福就能突破"小我"的格局而达到"大我"的境界，个体幸福与社会幸福就能实现真正的统一。因此，大学生幸福教育对建设"幸福中国"的意义深远而重大。

## 四、获取幸福的途径

### （一）要深刻理解幸福

理解幸福既是拥有幸福的基础，又是拥有幸福的途径。"幸福是什么"至今依然没有一个确切的定义，但是只有理解幸福的精髓，才能明确自己想要什么，才能有追寻的方向。大学生应该认识到，只有精神上的富有，才是最为持久的幸福。要取得精神上的富有，读书是最有效的方式。幸福是知足常乐、善于感恩的淡然心境，知足常乐是一种豁达乐观的人生态度，是一种能够理性看待自己得失的价值观。大学生应以求索心来追求知识能力的提升，以感恩心来对待他人和社会，以淡然心来体验平凡的幸福。

### （二）要理性感受幸福

幸福是一种主观感受，但大学生应以理性的头脑去感受幸福，扩大幸福的分子，缩小幸福的分母。换句话说就是争取获得更多，同时尽量缩小欲望。首先是物欲有度，正当的物质利益是获得幸福的基础，但关键是把握好度，生活中不能盲目攀比，更不能心存贪念；其次是境界无边，在精神上有较高的追求，幸福在一定程度上是一种思想境界。思想境界越高，眼界越开阔，看待事物越理性和淡然，越容易获得幸福。

### （三）要合理追求幸福

追求幸福就是追求希望和美好的未来。第一，大学生要悦纳自我，人无完人，任何人都有缺点和不足，面对不完美依然能够接纳甚至喜爱自己，在这个基础上再去完善自己，会取得更好的效果；第二，要确立合理的人生目标和阶段目标，目标过高无法达到会使人灰心丧气，目标过低轻易实现人生也很难取得进步，一点点实现目标的过程实际上就是一种幸福；第三，要增长自己的智慧，幸福是一种智慧，是一种心灵的感悟，拥有一颗平常心，用幸福的眼光看待世界就会拥有幸福；第四，要学会"反求诸己"，就是行动没有达到预期的效果时要反思自己的问题，某一事件的发生是由综合因素造成的，我们能控制的只有自己，找出自己还有哪些不足就能有新的收获，从而为下次成功奠定基础。

【思考题】

1. 如何理解诚信和责任的概念？
2. 简述感恩意识和感恩教育的过程。
3. 如何理解幸福的内涵？获取幸福的途径有哪些？

# 第七章 大学生人生规划

【学习目的】
- ➤ 了解时间管理的重要性。
- ➤ 学会时间管理的具体方法，学会合理的安排时间。
- ➤ 正确认识大学生人生规划的重要性。
- ➤ 掌握实现人生规划的途径。

## 第一节 时间规划与管理

科学合理的规划与管理时间是大学生建立深厚知识基础、获得良好知识储备的重要保证，也是他们不断塑造自我、修正自我以获得更好成长与发展的基本前提。大学阶段作为人生的关键时期，能否对时间进行合理规划与控制、安排与运用，直接关系到大学生的学习效率和学业成绩，也间接影响高校优良学风的形成。

### 一、科学开展时间规划

时间规划的目的并不是要把所有的事情都做完，而是更有效地利用时间。时间规划最重要的功能是通过事先的规划，作为一种提醒与指引。大学生养成时间规划能力不仅有助于提高自主学习能力，还有助于提高自信心和主观幸福感。同时，具有时间规划能力是大学生成人、成才的重要基石。高校为培养大学生的时间规划能力，应加强大学生时间价值观的树立，开设时间规划能力训练的课程，创建多种平台并提供锻炼机会，挖掘大学生自我发展潜能，强调班风和学风建设，促进大学生时间规划能力的养成。

#### （一）时间规划的意义

时间规划，即根据自身需求将时间进行合理规划并实施，从而达到提高工作效率的目的。从长远来讲，也实现了人生规划的目的。如何将时间规划实施到位应注意以下内容：
(1) 规划到位、坚持实施。
(2) 注意轻重缓急、先后有序，懂得合理变通。
(3) 懂得授权他人。
(4) 懂得自信是办事效率的先决条件。

（5）注重小事，细节到位。

合理规划与利用时间，是人生成功的重要因素，也是提升工作效率的有效方法。生活节奏不断加快，只有走在别人前面，才有更大的机会取得成功；只有不断提升自身能力，才能不被社会淘汰。大学阶段是观念形成、知识积累、能力锻炼的重要人生阶段，是大学生进行自我规划、自我管理、自我成就的转折阶段。大学生拥有更丰富的学校生活、更充裕的课余时间和更强的学习自主性，德国教育学家博尔诺夫曾说："教育的第一个任务是教育者应该给自己留下时间，给教育留下时间。教育的第二个任务是唤醒人们对自由时间重要性的认识，从而积极地创造自由时间并正确利用之。"

### （二）大学生时间规划存在的问题

大学生在时间规划上暴露了很多问题，如对时间规划认识不够深刻，缺少科学合理的长远时间规划，时间浪费严重等。

1. 没有规划时间、管理时间的意识

学生在进入大学阶段前很少有机会自己安排时间，高中阶段课堂纪律严格，课余上辅导班等占去多数时间，因此这个阶段学生的自主性被压制，缺乏规划时间、管理时间的意识。

2. 缺少科学合理的长远时间规划

大学生没有明确的目标，高中阶段他们的目标是考大学，一旦进入大学，多数大学生都会因暂时没有目标而陷入迷茫，不知道自己要做什么，没有执行计划的动力。迷茫期有长有短，有的大学生甚至认为上大学就是解放，这是错误的想法，大学正是人生升华的关键时期，此时更应该明确自己的下一步目标，为了人生的成功而努力。

### （三）大学生时间规划的重要性

1. 有助于提高自主学习能力

时间规划能力是一种元能力，具备并发挥元能力可以起到制动整体的效果，时间规划能力是大学生自主学习能力的重要组成部分，提高大学生时间规划能力的目的在于充分挖掘大学生自我成就、自我约束、自我管理的潜能，找到学习的目标和动力，自主寻求解决问题的办法，为打下坚实的专业基础和储备丰富的文化知识做好准备。

2. 有助于解决心理问题，增强自信心，提高主观幸福感

黄希庭等学者的研究表明，时间管理倾向和学业成绩、积极情绪之间存在正相关关系，与消极情绪存在负相关关系，时间规划水平是影响学生主观幸福感的重要因素之一。提高大学生的时间规划能力，对他们有效利用时间，缓解学习生活中产生的焦虑、茫然、抑郁等负面情绪，降低心理问题的发生概率，顺利完成学业等方面具有重要意义。

3. 实质上是成长、成才的重要基石

大学阶段课余时间充足，处于全日制学习和踏入社会工作之间的转折阶段，所以大学生的时间规划对今后的发展起着非常重要的作用。大学生呈现出独立性强、多元化发展的特点，大学生时间规划选择取向也呈现出多元化的特点，有效地利用时间有利于大学生的成长、成才。

## 二、有效进行时间管理

人在一生中有两个最大的财富：才华和时间。才华越来越多，但是时间越来越少，人的一生可以说是用时间来换取才华的一生。时间一天天过去，如果才华没有增加，那就是虚度了时光。所以，每个人都应该节约时间，有效利用时间。那么如何有效利用时间呢？就是要有效进行时间管理。

时间管理的意义在于计划时间，做好确定目标、自我管理的工作，从而减少时间浪费，使时间经济效益发挥到最大。培养时间管理的能力对大学生的成长十分重要。大学生的时间管理将直接影响其学业成绩及生活质量，也是他们进行职业生涯规划必须掌握的能力。有效进行时间管理，可以让大学生在步入社会后，经受住环境的考验，成为一个优秀、卓越的人。

### （一）时间管理的定义

时间管理是指在同样的时间消耗下，为提高时间的利用率和有效性而进行一系列的控制工作，是由于每个人在社会生产中所处的地位不同而赋予自己的一种内在管理素质。时间管理是大学生必须掌握的一种技巧，也是大学生成功的一个关键因素。

### （二）大学生时间管理现状

1. 多数大学生有时间观念，但是没有明确进行时间管理

大学生已经成年，有一定的时间观念和管理意识，但仍存在普遍的时间浪费现象，如漫无边际地上网聊天、玩游戏等，久而久之时间安排变得模糊甚至混乱，这已成为大学生极其严重的问题之一。

2. 短期性时间计划不到位，长期性时间计划不合理

多数大学生有自己的安排和计划，但遇到困难和挫折时不愿面对，而往往依靠时间惰性来解决问题，逃避现实，从而使短期性时间计划经常更改，实施起来困难重重；使长期性时间计划成为一纸空文。

3. 对时间管理绩效满意度低，得不到自己的肯定

有时间管理观念的大学生中，有大约40%对自己当前的时间管理效果不满意，对未来进行正确的时间管理缺乏信心。

4. 时间管理的低效已严重影响大学生的生活和身心健康

大学生学习懈怠和浪费时间的现象普遍存在，如通宵上网或卧谈到凌晨，导致其上课迟到甚至逃课。低效的时间管理严重影响大学生的学习效率，甚至影响其身心健康和生活质量。

## 三、如何做好时间规划与管理

每个人的一天都有24小时，时间对每个人都是公平的。浪费时间等于慢性自杀，浪费

别人的时间就等于谋财害命。无论生活还是工作，都需要运用时间管理方法，尤其身处碎片化信息时代。有效进行时间管理，可以帮助自己更好地分配时间。实行时间管理最重要的是提升自制力和制定未来目标。高校和教师要共同加强大学生科学管理时间的意识，帮助他们开展时间管理技能训练，从而使他们养成科学管理时间的习惯，督导他们有目的、有计划地完成大学学业，为将来进入社会打下坚实的基础。

## （一）消除大学生对时间管理的漠视和偏见

在大学生自身情感价值观方面，打破他们对时间管理就是树立条条框框的刻板印象，让他们知道掌控时间并不等于所有事情都按部就班，让自己不停地忙碌，而是解除自己局限性的同时不损害自己的自由和个性，通过对自己时间的精准把握，树立正确的观念和信心。

## （二）提高大学生的时间管理意识

在学校方面，适当开设与时间管理意识相关的课程或讲座。有些大学生自制力较差，需借助外力提高时间管理意识，主题班会是提高大学生时间管理意识的重要途径。充分发挥班集体的力量，让个体在团体的氛围中受感化、受教育。结合大学的学习进度，如在期末考试前一个月，谈如何规划期末复习时间，提高大学生的参与度。精心设计班会的内容和形式，提高大学生的时间管理意识。

## （三）培养大学生的心理素质

大学期间是大学生从不成熟迈向成熟的过渡阶段。在此阶段，大学生有很多机会参加各种各样的活动，与更多的人打交道，在这一过程中可能会因为一些事情的发生，如比赛失利、与同学发生摩擦等，而产生无助感、挫败感，甚至开始自我否定、萎靡不振。教师应注重培养大学生的心理素质，使其在最短的时间内从失利的局面中恢复。

## （四）掌握具体方法学会自律，制定目标

1. 运用"四象限法"

按照任务的重要程度和紧急程度划分为四个象限，第一象限：既重要又紧急，如临近的考试、比赛、布置的作业等；第二象限：重要但是不紧急，如提前准备考研、出国、朋友之间的社交等；第三象限：紧急但是不重要，如临时的电话聊天等；第四象限：既不紧急又不重要，如各种娱乐，包括上网、闲谈和其他用来消磨时间的事情等。按照第一象限＞第二象限＞第三象限＞第四象限进行时间安排。

2. 制定"计划表"

制定一张每天必须要干的、想去干的、可能要干的事情的时间安排以及剩余时间自由分配的计划表，每次按时、高效完成计划可以奖励自己；如果没有，可以适当调整但是不可以打破计划。

3. 列出"时间碎片清单"

如今时间碎片化严重，大学生可以有意识地发现每天的碎片时间，对碎片时间进行计

划。可以根据碎片时间的长短，安排有益的事情，时间短可以给家人打电话或是收拾房间，时间长可以做一些紧急且重要的事情。最重要的是保持积极健康、充满信心的状态，在好的状态下很多事情都可以事半功倍。

4. 运用好"二八原则"

人如果能高效地利用时间，只要20%的投入就能产生80%的效率。相对来说，如果时间利用低效，80%的时间投入只能产生20%的效率。一天中头脑清醒的时间，应该放在需要专心的工作上。与朋友、家人在一起的时间，相对来说，不需要头脑那么清楚。所以，大学生要把握一天中20%的高效时间（有些人是早晨，也有些人是下午或晚上。除了时间之外，还要综合考量人的心态、血糖的高低、休息是否足够等），专门用于困难科目和需要思考的学习上。许多大学生喜欢熬夜，但是晚睡会伤身，所以要尽量早睡早起。

## 第二节　合理的人生目标

人生目标是指人生实践活动的总目标，是对"人为什么活着"这一根本问题的认识和回答。人生目标一经确定就居于人生观的核心，对人生道路、人生态度、人生价值等具有决定作用。人生目标决定走什么样的人生道路、持什么样的人生态度、选择什么样的人生价值标准。

### 一、人生目标的含义

人在自己的一生中，会从事各种各样的活动，会有各种各样的目标。例如，修养的目标是提高觉悟，学习的目标是增长知识，锻炼的目标是增强体质，劳动的目标是创造财富等。那么，提高觉悟、增长知识、增强体质、创造财富等又都是为了什么？也就是说，人活着所进行的一切活动究竟是为了什么？由此看来，人在具体活动、具体目标背后，隐藏着一个总意向或总目标。人的一切活动，不管自觉还是不自觉，都受这个总意向或总目标的支配。

因此，人生目标就是支配人生一切活动的总意向或总目标。人生各种活动的目标是人生的具体目标，人生目标是人生的总目标。人生目标与具体目标是一般和个别的关系。

### 二、科学合理地确定人生目标

#### （一）什么是正确的人生目标

正确的人生目标指引人走人生的正道，用自己的劳动创造人生业绩，成为一个有益于社会、有益于人民的高尚的人。错误的人生目标将导致人背离人生的正道，使人走上歪门邪道，成为危害社会、危害人民的罪人。从一般意义上来说，正确的人生目标表明，人活着是为了对社会做贡献，从而促进社会的进步，实现人生的价值。就像《钢铁是怎样炼成的》

一书中主人公保尔·柯察金所说的："人最宝贵的东西是生命，生命对于我们只有一次。一个人的生命应当这样度过：当他回首往事的时候，他不因虚度年华而悔恨，也不因碌碌无为而羞愧。这样，在临死的时候，他能够说：'我整个的生命和全部精力，都已献给世界上最壮丽的事业——为人类的解放而斗争。'"总之，正确的人生目标就是立志为社会发展或人类进步做贡献，就是立志为发展社会主义事业，实现共产主义理想而奋斗，就是立志为人民服务。在我国，全心全意为人民服务不仅是对共产党员和领导干部的要求，还是对广大人民群众的要求。作为祖国未来的建设者和接班人，大学生更应该树立全心全意为人民服务的人生目标。

### （二）合理地确定人生目标

大学生要实现自己的人生价值需要依据自己的实际情况来制定合理的人生目标。这个人生目标必须是切实可行的，通过自己的努力能够实现的，不要制定超出自己能力范围的目标。目标是指引自己行动的准则，有目标才会朝着梦想的方向努力，否则一切都是镜花水月。

1. 目标要明确

目标有多明确，信心就有多坚定，而信心的坚定程度决定了一个人为目标改变的多少。就像只有明确地知道自己究竟想要什么，一个人才会为之去努力改变。

2. 目标要具体

一个人有了具体的目标就会拥有强大的动力。例如，我要早起，可没有具体的时间，就容易给自己找借口。换个说法，我要在早上六点起床，这样是不是更具体、更有动力呢？

3. 目标要可实现

如果目标定得太高，自己都知道这个目标不可能实现，那又能坚持多久呢？同样，毫无难度的目标也缺乏为之努力的动力，而且会打击人的积极性。只有制定的目标需要做一些努力、一些改变才能达到时，才能更好地激发人的积极性。

4. 目标要有时间限制

例如，要在多长时间内实现目标？如果目标没有设定最后期限，那么它是不切实际的，也是不可能实现的。

## 三、如何实现人生目标

决定一个人事业是否成功的关键不在于学历，而在于这个人是否有明确的奋斗目标，这个目标是否切实可行，以及他是否为自己设定的奋斗目标做出了不懈的努力。那么，怎样才能实现自己的人生目标呢？

### （一）树立远大的理想与近期的目标

学会确立目标非常重要。一个人如果没有目标，可能终其一生都在随波逐流，犹如在汪洋大海中划船，永远不知停靠在哪个港口。

1. 树立正确的人生价值观

大学生要实现自己的人生价值，首要就要树立正确的人生价值观。人生价值观是指引大学生生活的精神支柱，引导他们的行为，决定他们以后以什么样的心态面对生活中的一切。对一个人价值的主要评判就是看这个人对社会奉献了什么，为人民群众和社会创造了多大的价值，而不只是一味地索取。

2. 目标的确立必须立足于实际

只有实实在在的目标，才能让人踏踏实实地去奋斗。因此目标制定不宜过高，必须是可望又可即的。善用自己所拥有的，远远胜过妄想自己所短缺的。口袋里只有30元，却整天想着非"满汉全席"不吃，结果只有饿死。正确的做法是先用那30元买些馒头来充饥。你拥有九分的才华和一分的容貌，却想通过整容手术来仿效明星，也是妄想。扬长避短才是正道。

3. 分解目标，分步实施

最终目标确立了，那么怎样才能保证目标得以实现呢？

将目标分为大目标和小目标，即远期目标和近期目标。具体方法就是把自己确立的远大目标分解成若干个小目标，再循序渐进地去实现它们。

经验证明，有的大学生做事半途而废，不是因为实现目标的艰巨，而是因为自己在行动的时候总感觉成功离自己太远。换句话说，有些人之所以不能获得成功，不是因为失败而放弃，而是因为倦怠而失败。所以，要想实现自己的目标，就必须尽可能地把远大的目标分解成几个自己触手可及的小目标，并且始终让自己保持充沛的精力和旺盛的斗志。

## （二）打好知识基础，提高学习能力

1. 端正学习态度，改进学习方法

知识经济时代已经到来，大学生要想取得事业成功，必然需要丰富的知识储备。其实许多人学习成绩不好，不是因为不聪明，而是因为没有形成良好的学习方法和学习习惯。因此，大学生在学习中要端正学习态度，不断地改进学习方法。当然，现在学习的知识是有限的，未来要学习的知识更多，所以大学生还要努力提高自己的学习能力，使自己能够不断地学习，不断地成长，通过努力与自己的目标更加接近。

2. 提升自己的能力

大学生要实现自己的人生价值，还需要不断地提升自己的能力。学习一切未来所需要的知识，在学好专业知识的同时，要参加校内的一些学习交流活动，还要走出校门参加社会团体活动来拓宽自己的视野。

3. 积极参加社会实践活动

大学生要实现自己的人生价值，需要积极地参加社会实践活动。参加社会实践活动不仅可以积累工作经验，而且可以帮助别人，也可以实现自己的人生价值，为以后走向社会、参加工作奠定基础。现在社会实践活动有很多，如志愿者活动，大学生可以在奉献中实现自己的人生价值。

4. 对客观条件进行正确评估

大学生要实现自己的人生价值，需要正确地面对发展条件、生存条件、工作条件等，只有将这些客观条件之间的关系梳理好，才能对实现自己人生价值路上出现的意外状况做出合理的解释。每个人实现自己人生价值的客观条件都不相同，实现自己人生价值的道路不会是平坦的，前方有可能会布满荆棘，所以要对客观条件做出正确评估。

### （三）实现人生价值要有自强不息的精神

1. 要正确处理小我与大我之间的利益关系

大学生要实现自己的人生价值，还需要处理好小我与大我之间的关系。在实现自己人生价值的道路上，当两者之间的利益发生冲突时，要站在大我的立场上来分析问题，小我要服从大我的利益。

2. 要有坚定的信念

大学生要实现自己的价值还需要坚定的信念做支撑。"宝剑锋从磨砺出，梅花香自苦寒来"，只有经过苦难的磨炼，获得成功的快意才会在心里烙下永远的印记。在实现自己人生价值的道路上，要相信自己一定会成功，有了这样坚定的信念，哪怕前路荆棘密布，自己也能开拓出一条通往成功的大路。

3. 要养成自律的人生态度

自律是一种对待人生的态度。在实现自己人生价值的道路上，有时候会面临许多诱惑，如金钱、美色、美食等。在面对诱惑的时候，需要的是严格的自律。只要有严格自律的态度，就能控制住自己，就不会被糖衣炮弹击垮，就能继续未来的美好生活，实现自己人生价值的道路才会平坦和宽阔。

## 第三节 实现人生规划的途径

在人生长河中，人生规划非常重要，制定人生规划必须科学、合理。因此，好的人生离不开好的规划，成功的人生离不开成功的规划。只有在正确规划的指导下持续奋斗，才能收获成功的果实。

### 一、人生规划的重要性

人生规划是对一个人的职业生涯乃至人生进行持续的、系统的、计划的过程，也是一个人对自己各个阶段的发展道路科学设计和规划的过程，更是一个人对自己的未来合理安排和统筹布局的过程。大学生进入社会前，把握好大学生涯的每个阶段，就能够在完成四年学业面临发展抉择时轻松完美地应对。因此，合理的人生规划对每个大学生都至关重要，越早进行人生规划就越能及时行动，不虚度四年的大学时光。

#### （一）人生规划的含义

人生规划就是一个人根据社会发展的需要和个人发展的志向，对自身有限的资源进行合理的配置，对自己未来的发展道路做出一种预先的策划和设计。人生规划受人生观的支配。

### （二）人生规划的内容

人生规划包括职业规划和学习规划。人生规划使我们在规划人生的同时可以更理性地思考自己的未来，初步选择未来适合自己的职业，并从学生时代开始培养自己适应未来职业需要的综合能力和综合素质。同时，人生规划可以帮助我们确定人生目标，制定行动措施，增强责任感和学习的动力。

清晰具体、切实可行的规划，就像一个个已经现形的脚印，只需踩着每个脚印向前迈进，我们走在人生这条道路上就会更踏实、更自信。没规划的人，走起路来会更累，看不到前方的希望；有规划的人，就像站在巨人的肩膀上，总能看得更高、走得更远。没规划的人做事散漫、得过且过；有规划的人做起事来更有目标、更有追求，不会虚度年华。

## 二、科学实现人生规划

### （一）大学生人生规划过程中存在的问题

**1. 对人生规划认识不够，有抵触心理**

当前，我国大学生普遍缺乏人生规划的意识，对人生规划认识不充分，不重视人生规划。多数大学生认为在大学阶段进行人生规划为时过早，当下只要关注学习就已足够，人生规划离自己较远，进入社会才需要考虑这个问题。不少大学生对教师布置的有关人生规划方面的作业，会产生消极抵触心理，不写或不交作业，更有甚者直接抄袭他人的作业，应付了事，自己不愿意思考、总结。

**2. 人生规划不够完善**

大学生处于人生规划的起步阶段，知识储备、社会阅历、心理调节以及自我认知能力等方面存在不足，导致他们在制定人生规划时，没有做出周全考虑，对人生规划不够清晰，存在缺陷。有的大学生缺少明确的发展方向和目标追求，自己的人生目标较为模糊，造成与之相适应的人生规划也不尽如人意，针对性与科学性欠缺；有的大学生对自身的了解不够全面，不清楚自己的兴趣、优势、劣势，要么过分夸大，要么自信心不足，不能根据自身特点趋利避害地进行规划，导致规划的执行性不强。

**3. 忽视人生规划的执行与反馈**

现如今，不少大学生都存在自视甚高的弱点，他们认为只要制订完美的规划就已经"万事大吉"，具体实施还不是"小菜一碟"，最后肯定能事半功倍，达成预期的目标。一旦要求这些大学生按照制定的规划来真正执行，他们又会拖拖拉拉，给自己找各种借口"心安理得"地不去执行。即使按照规划来实施操作，也只会原样复制，忽视实践过程中的信息反馈，不能及时地根据实际情况做出调整，预期目标无法实现，产生心理压力与失落感，由此更不愿意去执行，形成恶性循环。

## （二）大学生制订人生规划的步骤

### 1. 确立自己的人生目标

制订成人生规划的目的是要实现自己的人生目标，是人生规划的基点。有什么样的人生目标，就会根据这个人生目标制订什么样的人生规划。大学生人生目标的确定需要结合自己所学的专业及兴趣爱好，对从事何种职业、在大中小哪类城市工作等问题都要仔细考虑，不能轻率地做出选择。每个人的人生目标一经确定，一般情况下不会发生太大的改变，这就更需要慎重选择、认真对待。人生目标就像一盏明灯，无时无刻不在指引着大学生，激发他们的无限动力，让他们为之努力奋斗。

### 2. 在客观分析自己的优势与劣势的基础上制订规划

大学生在确立人生目标后，紧接着就需要制订详细的人生规划，并以此为途径，达到自己的预期目标。首先通过自我总结和他人评价相结合的方式客观地评价自己，更充分地了解自己，总结自己的长处和劣势，归纳自己的性格特点与具备的能力。这一过程必须坚持实事求是的原则，理性对待，不可随意美化或夸大，也不可自我否定，要正视短处，肯定优势。其次根据自我分析的结果，详细制订人生规划，具体可以细化为天计划、周计划、月计划、学期计划、学年计划，规划制订得越详细、可操作性越强，对后期的完善也就越有利，能够更有针对性地查漏补缺，使规划更加合理完备。

### 3. 坚持践行并完善规划

行动是决定人生规划成功与否的关键一环。习近平总书记多次强调"知行合一"，指出："'知'是基础、是前提，'行'是重点、是关键，以知促行、以行促知，做到知行合一。""知行合一"，人生规划才有意义；反之，"知而不行"，人生规划就成了嘴上功夫，没有任何实际意义。大学生要按照已经制订好的规划如期完成每项任务，脚踏实地，持之以恒，不能有所松懈，半途而废。另外，在具体实践的过程中注重信息反馈，着重分析未能完成计划的原因，并及时对规划中的不合理、不充分之处做出调整，使规划更加完善、合理，适合自己每个阶段的发展需求，在每部分规划完成时都力求有所收获。

## 三、如何做好大学生生涯规划

大学生刚步入大学阶段时常常会感到迷茫，不知道该怎样度过大学生活，缺乏对人生目标的思考，处于一种无目的、无规划的混乱状态。指导大学生制订合理的人生规划是解决这一问题的有效途径。做好人生规划，大学生应树立人生规划意识，为个人发展做好准备；提高自我认知能力，使人生规划更具科学性和可操作性；学校应建立大学生人生规划服务体系，帮助大学生充实度过大学时光。

### （一）树立人生规划意识，为个人发展做好准备

人生规划的意义在于为人生指引方向，使每个人认识到自身的潜力和无限发展的可能。人生规划对每位大学生来说都是必要的。大学生要树立人生规划意识，充分认识人生规划的

重要性。举例来说,人生规划在提升大学生竞争优势,促进大学生顺利毕业,实现大学生人生梦想等方面都有重要意义。大学生必须清楚,人生只有一次,与其他人无关。人生规划也不仅仅是一次无聊的作业,而是有着更深刻的用意。每位大学生都应对自己的人生负责,制订科学的人生规划,为个人发展做好充分准备。

### (二) 提高自我认知能力,使人生规划更具科学性和可操作性

大学生要提高自我认知能力,必须对自己进行全面客观的剖析,包括对自己的价值观、兴趣、爱好、特长、性格、学识、技能、智商、情商等进行深入分析,进一步弄清自己是谁、自己想做什么、自己能做什么。自我剖析的过程,实际上是认识自我、完善自我的过程。自我剖析是进行人生规划的基础,直接关系人生规划的成功与否。在自我剖析的过程中,大学生对自己的认识难免有不足之处,可以询问室友、家人及教师的意见,做到科学准确地分析,使人生规划更加适合自身的实际情况,可操作性更强。

### (三) 学校应建立大学生人生规划服务体系

人是社会动物,每个人都处在一定的社会关系中。学校是学生学习和生活的地方,学生会受到来自学校方方面面的影响。大学教育的根本目标是为社会培养有用之才。因此,学校为了培养更多优秀的大学生,使其成为栋梁之材,应建立大学生人生规划服务体系,开设相关的人生规划课程,配置专门教师服务学生,并与辅导员沟通交流,定期举行小组活动。人生规划服务的工作范围包括指导大学生制订适合自身特点的人生规划,督促大学生按照规划完成目标,检查大学生的反馈情况,以此帮助大学生成长、成才。

【思考题】

1. 如何做时间管理的主人?
2. 请概括你的远大的理想与近期的目标。
3. 你是如何进行人生规划的?

实务篇

当今社会发展迅速，社会价值观发生急剧变化，学校教育也随之变得多元化以适应这一状况。心理辅导工作是现代化学校教育的重要组成部分，特别是针对多数大学生进行的班级团体心理辅导，因其具有预防性、发展性的功能，而显示其重要的价值。此外，班级团体心理辅导是建立在发展心理学、团体动力、学习心理学、人格心理学基础上的教育方法，班级团体心理辅导并非一般人想象的团体活动，主要以大学生内在需要和发展课题为教材和内容，学习的过程以大学生的内心经历为主导取向。因此，班级团体心理辅导涉及大学生人格、生活、生命教育和生涯四个方面的内容。

班级团体心理辅导是融心理健康教育课程和团体心理辅导为一体的教育方式，旨在帮助大学生在班级团体心理辅导中感悟生命，健康成长。

# 第八章 认识生命——大学生人格心理辅导

**学习目标**

- ➢ 了解自我,悦纳自我。
- ➢ 学会有效调节与控制自己的情绪。
- ➢ 做好时间规划,提高适应能力,增强受挫能力,勇敢面对压力。
- ➢ 养成自立、自信、自尊和自强的自我品质。

## 第一节 人格心理辅导概述

人格是一个人素质的重要组成部分,也是一个人心理面貌的集中反映,人格与人的身心健康和精神疾病有密切的关系。随着社会文明的发展和进步,社会对个体人格的要求也越来越高。

### 一、什么是人格心理辅导

人格心理辅导是指运用有关心理学、教育学与社会学等多种学科的理论与技术,遵从心理辅导的一般原理,帮助、促进学生社会适应与人格健康成长和发展的一种教育活动。

### 二、人格心理辅导的目标和内容

#### (一)人格心理辅导的目标

人格心理辅导的目标可以概括为八个字:促进适应、铸造人格。

1. 促进适应

适应即社会适应,它既是人格成长与发展的基础和条件,又是人格特征得以展现的载体,个体人格的稳定特征和行为方式都直接体现在个体的社会适应中。个体要有良好的社会适应,必须既充分认识自己,又充分认识自身之外的环境(包括自身之外的他人、物理环境、社会组织、社会文化等),并积极寻求两者的沟通与融合,从而达到个体与环境的良性互动和协调。

2. 铸造人格

努力培养适应社会现实要求的生活态度、价值观念和社会行为模式。就现代社会的个体而言,必须具有现代人的人格特征。针对目前中国的现代化进程,有学者提出,当代中国人特别要重视耐挫能力、合作与合群品质、终身学习的态度和能力、尊重多元价值并具有独立判断和选择能力等的培养。

### (二) 人格心理辅导的内容

人格心理辅导的内容包括自我意识辅导、情绪心理辅导、挫折与压力辅导和成功与自信辅导。

#### 1. 自我意识辅导

大学生进入大学后在生理、心理及社会方面都转入一个新的阶段,对自我的认识和价值观仍然处在探索的阶段,对自我的概念并未完全形成,需要给予指引,以澄清自己的内在想法,看清自己是如何看待自己的,了解别人眼中的自己和自己眼中的自己的差别在哪里等。埃里克森建立的心理社会发展理论认为此阶段是人生中最重要的阶段,危机情境也比其他阶段严重,因此要教育大学生深入了解自我。

自我意识辅导的内容和策略包括两个方面:一是正确、全面地认识和把握自己;二是处理和解决自我意识发展中的自卑、孤傲和角色混乱等问题。

#### 2. 情绪心理辅导

喜怒哀乐等基本情绪历来是人生幸福与否的重要主题,也是心理健康的重要指标之一。

同时,情绪对智力和认知活动还具有激励、推动或阻碍作用。对学校教育而言,大学生的情绪不仅与其学业成就密切相关,而且代表着大学生的整体风貌、意志品质及个性发展状况等诸多方面。此外,大学生成长过程中面临较多的压力,而且身心仍然处于发展过程中,因此在学习生活中不时可见焦虑、抑郁、恐惧等情绪问题,需要学校的心理辅导教师给予特别关注和帮助。

#### 3. 挫折与压力辅导

"人有悲欢离合,月有阴晴圆缺,此事古难全。"尽管人们希望自己能一帆风顺、万事如意,但挫折是不可避免的。成功固然可贵,失败也并非毫无意义。对大学生而言,挫折既是打击,也是成长,正确地认识与对待挫折,是人生成功的必经之路。

引导大学生发现别人身上的压力,这些压力也许自己有、也许没有,但通过思考让大学生学习以客观的观点重新看待问题,并试着给他人提供意见。这种做法是为了运用同辈之间的影响力,更重要的是为了让大学生了解自己并非孤单一人在承受这些压力。借由压力的正常化,引导大学生未来在面对压力时更有勇气和力量。

#### 4. 成功与自信辅导

自信是一种自我肯定、自我信任,相信自己的力量一定能够实现目标的心理状态,是建立在自我正确认识、正确评价的基础之上的。自信能使一个人的潜能源源不断地得以释放,是人们克服困难、获得成功的重要保证。自信是在周围人们的态度和评价中逐渐形成的一种心理结构。它可以使人产生积极的自我暗示,从而激发人的自尊、自爱、自强之心,从而获得成功。

自信是成功的第一秘诀。在人的一生中,遭受挫折是难免的,关键是要正确地面对挫折，承受失败。大学生要正确认识失败、认识自我，创造体验成功的机会，增强自信心。学校应采取正面鼓励为主的教育方式，和家庭联手，恰当地运用心理教育的方法，耐心地、不失时机地对大学生进行心理辅导，帮助其解开自卑情绪。

## 第二节 人格心理辅导活动

### 一、人格心理辅导活动设计大纲

人格心理辅导涉及大学生的自我意识、自我了解、情绪管理和应对挫折及压力等内容。我们将这些活动设计出大纲，在教学中可以结合理论部分的有关内容及大学生的具体情况有选择地进行活动。班级人格心理辅导活动设计大纲如表 8-1 所示。

表 8-1 人格心理辅导活动设计大纲

| 次序 | 单元名称 | 单元目标 | 主要活动内容 | 时间/分钟 |
|---|---|---|---|---|
| 1 | 我是谁（一） | 帮助大学生通过自我反省、与他人交流两种方式了解自我；<br>认识、悦纳和肯定自我 | 我是幸运园丁 | 100 |
| 2 | 我是谁（二） | 了解每个人都是独特的；<br>了解每个人都能找到与自己相同或相似的人 | 独特的我 | 100 |
| 3 | 我真棒 | 帮助大学生学会面对面地给予他人具体的正面回馈，增加相互了解；<br>帮助自信心不足的大学生了解自己的长处，增强自信心 | 红色轰炸 | 100 |
| 4 | 你最重要 | 帮助大学生认识价值观；<br>帮助大学生检视个人的价值观 | 价值拍卖会 | 100 |
| 5 | 情绪管理 | 帮助大学生认识与察觉情绪；<br>帮助大学生分析引发情绪的原因；<br>帮助大学生有效管理自己的情绪，并能运用适当的方式宣泄情绪 | 阳光总在风雨后 | 100 |
| 6 | 面对挫折 | 引导大学生彼此交流抗挫折经验，进而了解挫折是人生必经的过程；<br>帮助大学生了解遇见挫折时，可求助他人；<br>帮助大学生了解遇见挫折时，可应对的方式 | 生命蜘蛛网 | 100 |
| 7 | 面对压力 | 探索自己的压力源与压力程度，互相分享，得到支持；<br>通过活动让大学生体验消除压力的方式 | 风雨之后是彩虹 | 100 |

续表

| 次序 | 单元名称 | 单元目标 | 主要活动内容 | 时间/分钟 |
|---|---|---|---|---|
| 8 | 电影欣赏 | 了解大学生活并树立专业和职业目标；了解人际沟通与人际交往的重要性 | 《荒岛余生》分享与讨论 | |

注：每一单元的活动，师生可根据自己的需要和兴趣有选择地完成。

## 二、人格心理辅导活动实施

下面活动 8-1 至 8-8 是本章每次辅导活动的实施案例及具体应用过程。

**活动 8-1：我是谁（一）——我是幸运园丁**

每个人都可以成为自己绚丽人生的园丁

你不知道你是谁，你忧郁；<br>
你知道你不是谁，你幻灭；<br>
你知道你是谁，你放心。

**活动主题**：学习自我意识与发展潜能。

**活动目的**：了解自我结构。

**活动内容**：

(1) 模拟招聘。

(2) 我是幸运园丁。

(3) 我的美丽花园。

**理论分析**：

自我，亦称自我意识或自我概念，是个体对自己存在状态的认识。自我主要有五个层面，即物质自我、心理自我、社会自我、理想自我和反思自我。

(1) 物质自我：是其他自我的载体，是个体如何看自己身体的层面。

(2) 心理自我：是个体态度、信念、价值观念及人格特征的总和，是个体如何看自己心理世界的层面。

(3) 社会自我：处于社会关系、社会身份与社会资格中的自我，即个体扮演的社会角色，是自我概念的核心，是社会如何看待个体同时被个体意识到的层面。

(4) 理想自我：个体期待自己是怎样的人，即在理想中，我该是怎样的人。理想自我与现实自我的差距往往是个体行动的重要原因。

(5) 反思自我：个体如何评价他人和社会对自我的看法。

**活动形式**：绘画法。

**活动过程：**

1. 模拟招聘

（1）招聘考题："我是谁"（让大家准备十个左右"我是谁"的答案）。

（2）辅导教师安排两名大学生作为评委，考核标准为自我结构的五个"我"（物质的我、社会的我、心理的我、理想的我和反思的我）。

（3）大家可自愿上台应聘。

（4）评委宣布应聘结果。

2. 我是幸运园丁

（1）辅导教师介绍应聘成功的原因，并补充自我结构的五个"我"理论。

（2）要求大家为自己设计一个花园。

花园里有五个部分：物质的我、社会的我、心理的我、理想的我、反思的我（图8-1）。

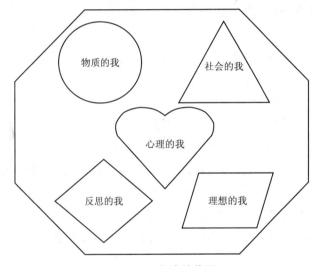

图8-1　自我的花园

3. 我的美丽花园

（1）你对自己的花园满意吗？谈谈自己眼中的自己和理想的自己（可从自己的优缺点、个性、特点、学习态度等方面谈起）。

（2）别人眼中的我：小组成员相互评价。

（3）交流、分享。

# 课后参考与思考

**【生命剧场】**

编写校园心理剧：《招聘》——"天生我材必有用"（包含自我结构的五个"我"）

1. 《招聘》——"天生我材必有用"

方法：辅导教师说出剧情，由小组成员即兴表演，然后大家讨论两名大学毕业生应聘成功的原因。

主题：体现自我意识，了解"我是谁"。

演员：共八人，包括经理、文秘、六名大学毕业生。

音乐：《我的未来不是梦》。

道具：一套办公桌椅，印有"天生我材必有用"的牌子。

地点：某企业招聘办公室。

事情：某企业要招聘两名大学毕业生，今天来应聘的有六位大学生。经理出的考题是"我是谁"，两名大学生不知道自己是谁，两名大学生知道自己不是谁，还有两名大学生知道自己是谁。后两名大学生应聘成功。

内容：音乐《我的未来不是梦》响起。

六名大学生上台站成一排。

文秘：下面宣布应聘结果，5号、6号同学应聘成功。祝贺你们！请你们向大家谈谈感想。

（男1、女2）合：（向前跨出一步）你不知道你是谁，你忧郁。（退回）

（男3、女4）合：（向前跨出一步）你知道你不是谁，你幻灭。（退回）

（男5、女6）合：（向前跨出一步）你知道你是谁，你放心！（退回）

（经理、文秘）合：只要我们知道自己是谁，提高内省智能，天生我材必有用。

角色互换与分享。

2. 《电影院门口的风波》——典型气质类型

方法：辅导教师说出剧情，由小组成员即兴表演，然后大家讨论四种气质类型的优点和缺点。

主题：体现四种典型气质类型。

演员：共五人，包括负责电影院收票的大学生一人，有典型气质类型的大学生四人。

音乐：《喜洋洋》。

道具：桌子、广告牌、心理电影《心灵捕手》。

地点：电影院门口。

事情：电影开演五分钟，负责收票的大学生要关门了。按电影院规定，迟到五分钟一律不许进。这时，来了四位大学生，他们分别表现出四种不同的典型气质类型。

内容：负责收票的大学生："同样的场景，却有不一样的行为表现。同学们，你属于哪一种类型呢？"

角色互换与分享。

【思考题】

向别人介绍二十个"我是谁"。

**活动 8-2：我是谁（二）——独特的我**

### 世界上没有完全一样的两片树叶

**活动主题**：认识自我、悦纳自我。
**活动目的**：了解独特的我。
**活动内容**：
(1) 七个"假如"。
(2) 独特的我。
(3) 分享时刻。
**理论分析**：
青春期是自我形象形成的重要时期，也是青少年自我意识形成并完善的重要时期。这个时期，青少年自我意识不稳定，对别人和自己的评价常常带有主观片面性，自我评价能力往往落后于评价别人的能力。当自我肯定过高时，会自我陶醉，以致狂妄自大，忽视自己的缺点，对挫折缺少足够的心理准备，遇到失败时会产生失望情绪，继而转为自卑；当自我评价过低时，会过多地看到自己的失败，很少肯定或不敢承认自己的成功，则会引起自卑，以致缺乏自我完善的勇气。
**活动形式**：心理自述法。
**活动过程**：

1. 七个"假如"
将下面的句子补充完整。
(1) 假如我是一种花，我希望是_____，因为_____。
(2) 假如我是一种动物，我希望是_____，因为_____。
(3) 假如我是一种乐器，我希望是_____，因为_____。
(4) 假如我是一种水果，我希望是_____，因为_____。
(5) 假如我是一种颜色，我希望是_____，因为_____。
(6) 假如我是一种交通工具，我希望是_____，因为_____。
(7) 假如我是一种树，我希望是_____，因为_____。

2. 独特的我
了解自己的独特性。
(1) 纵向了解：分别请参加活动的大学生站起来念出七个"假如"，了解与他相同的人有几个（七个、六个、五个、四个相同的几乎没有，但是三个、两个和一个相同的就有了）。
(2) 横向了解：分别请参加活动的大学生站起来一样一样地念出七个"假如"，了解与他相同的人有几个（几乎每个都有人与之相同）。

3. 分享时刻
(1) 全班分享：能否找到与自己完全一样的同学。

（2）辅导教师总结：世界上没有完全一样的人，每个人都有自己的独特性，了解自己，做独特的我。

# 课后参考与思考

【自我测试】

在日常生活和工作中，你能否顺利和成功与心理素质的好坏有很大关系。我们会发现人和人是不一样的：有的人容易激动，做事雷厉风行；有的人机智灵活；有的人天生慢性子；有的人非常脆弱，经不起风浪。这种性格上的差异就是"气质"。从心理学角度来说，人的内在气质与情感、信心、意志力和韧性等心理素质有着密不可分的关系。人的气质带有先天遗传的性质，它能影响人的行为方式、能力的形成和发展，各种气质都有自己的优缺点。只有充分了解自己的气质类型，才能发挥优点、克服缺点，一定程度上实现自己心理素质基础的转化。

人有四种典型气质类型，分别是：胆汁质、多血质、黏液质和抑郁质。

1. 胆汁质

强而不平衡。这样的人情感和情绪发生迅速，爆发力很好。同时，情感和情绪消失得也快，情绪趋于外向。智力活动灵敏有力，但理解问题容易粗枝大叶。意志力坚强，不怕挫折，勇敢果断，但容易冲动，难以抑制。工作热情高，表现得雷厉风行，顽强有力。

2. 多血质

强而平衡，灵活性高。这种人情感和情绪发生迅速，表露于外，极易变化，灵活而敏捷，活泼好动，但往往不求甚解。工作适应力强，讨人喜欢，交际广泛。容易接受新事物，也容易见异思迁而显得轻浮。

3. 黏液质

强而平衡，灵活性低。这种人情绪比较稳定，兴奋性低，变化缓慢，内向，喜欢沉思。思维和言行稳定而迟缓，冷静而踏实。对工作考虑细致周到，坚定地执行自己已经做出的决定，往往对已经习惯了的工作表现出高度热情，而不容易适应新的工作和环境。

4. 抑郁质

弱性，易抑制。这种人情绪体验深刻，不易外露。对事物有较高的敏感性，能觉察到一般人所觉察不到的东西，观察事物细致。行动缓慢，多愁善感，也易于消沉。工作中常常显得信心不足，缺乏果断性。交往面较窄，常常有孤独感。

## 气质类型诊断测试题

心理学研究表明，每个人的气质类型各不相同，所以，对下面问题的回答，没有对错之分，只要把每个题目的意思弄明白，然后将题目所说和自己的真实思想情感与下列五种情形中的一种相对应即可。

完全一致（或完全赞成，完全符合等）：2分。

比较一致：1 分。

介于一致与不一致之间：0 分。

不太一致：-1 分。

完全不一致：-2 分。

（1）做事力求稳妥，不做无把握的事。

（2）遇到可气的事就怒不可遏，把心里话全说出来才痛快。

（3）宁肯一个人做事，不愿很多人在一起做事。

（4）到一个新的环境很快就能适应。

（5）厌恶那些强烈的刺激，如尖叫、噪声、危险镜头等。

（6）和人争吵时，总是先发制人，喜欢挑衅。

（7）喜欢安静的环境。

（8）善于和人交往。

（9）羡慕那种能够克制自己感情的人。

（10）生活有规律，很少违反作息制度。

（11）多数情况下情绪是乐观的。

（12）遇到陌生人觉得很拘束。

（13）遇到令人气愤的事情时，能很好地自我控制。

（14）做事总是有旺盛的精力。

（15）遇到问题常常举棋不定，优柔寡断。

（16）在人群中从不觉得过分拘束。

（17）情绪高昂时，觉得做什么都有趣；情绪低落时，觉得做什么都没有意思。

（18）当注意力集中于某一事物时，别的事很难使我分心。

（19）理解问题总是比别人快。

（20）碰到危险情景时，常有一种极度恐惧感。

（21）对学习、工作、事业怀有很高的热情。

（22）能够长时间做枯燥、单调的工作。

（23）符合兴趣的事情，做起来劲头十足，否则就不想做。

（24）一点小事就能引起情绪波动。

（25）讨厌做那种要求耐心、细致的工作。

（26）与人交往不卑不亢。

（27）喜欢参加热烈的活动。

（28）爱看感情细腻、描写人物内心活动的文学作品。

（29）工作时间长了，常感到厌倦。

（30）不喜欢长时间谈论一个话题。

（31）宁愿侃侃而谈，不愿窃窃私语。

（32）别人说我总是闷闷不乐。

（33）理解问题常比别人慢一些。

（34）疲倦时只要短暂的休息就能精神抖擞，重新投入工作。
（35）心里有话宁愿自己想，不愿说出来。
（36）认准一个目标就希望尽快实现。
（37）学习、工作同样长的时间后，常比别人更疲倦。
（38）做事有些莽撞，常常不考虑后果。
（39）老师或师傅讲授新知识、新技术时，总希望他讲慢一些，多重复几遍。
（40）能够很快忘记那些不愉快的事情。
（41）做作业或完成一件工作总比别人花的时间多。
（42）喜欢运动量大的剧烈体育活动，或参加各种文艺活动。
（43）不能很快把注意力从一件事转移到另一件事上。
（44）接受一个任务后，就希望把它迅速解决。
（45）认为墨守成规比冒风险强。
（46）能够同时注意几件事物。
（47）当我烦闷的时候，别人很难使我高兴起来。
（48）爱看情节起伏跌宕、激动人心的小说。
（49）对工作抱有认真严谨、始终如一的态度。
（50）和周围人的关系总是相处不好。
（51）喜欢复习学过的知识，重复做已经掌握的工作。
（52）希望做变化大、花样多的工作。
（53）小时候会背的诗歌，我似乎比别人记得清楚。
（54）别人说我"出口伤人"，可我并不觉得是这样。
（55）在体育活动中，常因反应慢而落后。
（56）反应敏捷，头脑机智。
（57）喜欢有条理而不甚麻烦的工作。
（58）兴奋的事常使我失眠。
（59）老师讲新概念，常常听不懂，但弄懂以后就很难忘记。
（60）假如工作枯燥无味，马上就会情绪低落。

【评分与评价】

填写气质调查得分表（表8-2）。

表8-2 气质调查得分表

| 胆汁质 | 项目 | (2) | (6) | (9) | (14) | (17) | (21) | (27) | (31) | (36) | (38) | (42) | (48) | (50) | (54) | (58) | 总分 |
|---|---|---|---|---|---|---|---|---|---|---|---|---|---|---|---|---|---|
| | 得分 | | | | | | | | | | | | | | | | |

续表

| | 项目 | (4) | (8) | (11) | (16) | (19) | (23) | (25) | (29) | (34) | (40) | (44) | (46) | (52) | (56) | (60) | 总分 |
|---|---|---|---|---|---|---|---|---|---|---|---|---|---|---|---|---|---|
| 多血质 | 得分 | | | | | | | | | | | | | | | | |
| 黏液质 | 项目 | (1) | (7) | (10) | (13) | (18) | (22) | (26) | (30) | (33) | (39) | (43) | (45) | (49) | (55) | (57) | 总分 |
| | 得分 | | | | | | | | | | | | | | | | |
| 抑郁质 | 项目 | (3) | (5) | (12) | (15) | (20) | (24) | (28) | (32) | (35) | (37) | (41) | (47) | (51) | (53) | (59) | 总分 |
| | 得分 | | | | | | | | | | | | | | | | |

A. 如果某一项或两项的得分超过20分，则为典型的该项气质。

B. 如果某一项或两项以上得分在20分以下，10分以上，其他各项得分较低，则为该项的一般气质。

C. 若各项得分均在10分以下，但某项或几项得分较其余项分数高（相差5分以上），则略倾向于该项气质（或几项气质的混合）。

要了解自己的气质类型，可以参考日常生活中对自己的观察或他人的评价，还可参考一些气质类型诊断表的测试结果。不过，更重要的是要认识到：气质是没有好坏之分的，只有适合与不适合之别。一般来说，各种气质类型都有其优点和缺点。

多血质的人情感丰富，反应灵活，易接受新事物；但是情绪不稳定，精力易分散。

胆汁质的人直率热情，精力旺盛，反应迅速而有力；但是脾气急躁，易于冲动。

黏液质的人安静稳重，善于自制；但是对周围事物冷淡，反应迟缓。

抑郁质的人情感体验深刻而稳定，观察敏锐，办事认真细致；但是过于多愁善感，行为孤僻。

气质只是人的性格和能力发展的一个前提，各种气质类型的人都有可能在事业上取得成就。分析表明，俄国四位著名文学家就是四种不同气质类型的代表：普希金属胆汁质，赫尔岑属多血质，克雷洛夫属黏液质，果戈理属抑郁质。气质本身是不能预测成就大小的。了解自己气质的意义主要在于：尽量根据自身的特点选择适合自己的发展方向和人生道路。

【思考题】

你对独特的自己满意吗？哪些方面还需要改变？

**活动8-3：我真棒——红色轰炸**

**活动主题**：满足大学生的社会赞许动机。

**活动目的**：

（1）帮助大学生学会面对面地给予他人具体的正面回馈，增加相互了解。

（2）帮助自信心不足的大学生了解自己的长处，增强自信心。

**活动内容**：

（1）准备礼物。

（2）互送礼物。
（3）猜猜他（她）是谁。
（4）分享与总结。

**理论分析**

社会赞许动机是指人们的行为与行为价值希望获得社会的普遍认可、尊重和称赞的一种心理需要。社会赞许动机能给人以巨大的精神鼓舞，它促使同学之间互相了解，促进彼此团结，也能够增加受到赞许后的自信心。

赞许可以说是一种激励机制，它对人的奋斗与成功是有积极意义的。一般来说，人们从事某种工作或某种活动总希望得到他人或组织的赞赏和肯定，他们热爱自己从事的工作，同时也希望他人给予热情支持，以求心理上的满足。

所谓赞许动机，是指交际的目的要得到对方的鼓励和称赞，从而获得心理上的满足。赞许动机的产生受主观与客观条件的影响和制约，因此主观的心理需要与客观的报偿反应是否一致就决定了赞许动机的强弱。赞许动机的强弱对个人的工作热情和取得事业的成功影响极大。美国心理学家克劳斯和马洛做过这样的实验，他们让被试者用25分钟的时间去做一件奇怪的事情，即把12个卷轴机一个一个地、机械地放进小盒子，然后把小盒子倒空，重新再放。事后，他们询问被试者对这项任务的看法。有着极强赞许动机的被试者说，他们喜欢这项工作，至少要比赞许动机弱的被试者学到的东西更多。这说明赞许动机强的人从事每一项工作，都希望得到别人或组织的赞赏，进而努力工作，顺从他人。他们的态度和成就往往也会得到他人或组织的赞许。

**活动形式**：游戏活动法。

**活动过程**

1. 准备礼物

（1）做信封：每人自己做一个信封，信封上写上自己的名字。
（2）做卡片：每人再准备十张左右的卡片。
（3）写优点：每人从三个范围（教室小组成员、宿舍成员、在班级内自愿选择同学）中选择同学，并分别在卡片上写出他们五个左右的优点（注意：要诚恳，不要阿谀奉承）。

2. 互送礼物

（1）送礼物：每人将写好的卡片分别塞到同学的信封中。
（2）收礼物：先不要看收到的礼物。
（3）交礼物：将所有礼物都放到讲台课桌上，进行大洗牌。

3. 猜猜他（她）是谁

（1）抽奖时刻：大家两两分别上台，随机抽取三个信封。
（2）开奖时刻：每人将抽取的信封打开，分别念卡片上的内容，让大家猜猜他（她）是谁。

4. 分享与总结

师生可以自由发挥。

# 课后参考与思考

**【自我测试】**

## 成功品质

下面的测试可以帮助你了解自己的成功品质，请认真阅读表 8-3 中的每项内容，从 A~E 几个分数等级中选择适合自己的等级。其中 A 表示非常不符合，B 表示有些不符合，C 表示不能确定，D 表示有些符合，E 表示非常符合。

表 8-3 气质调查得分表

| 调查项目 | 选 项 | | | | |
|---|---|---|---|---|---|
| 1. 我通常能发挥自己的最大优势来完成工作 | A | B | C | D | E |
| 2. 我通常都是积极主动地承担任务 | A | B | C | D | E |
| 3. 我做事目标明确 | A | B | C | D | E |
| 4. 我喜欢做那些我不知道自己能否胜任的事 | A | B | C | D | E |
| 5. 我喜欢关注那些优秀人士 | A | B | C | D | E |
| 6. 我觉得自己生活很充实 | A | B | C | D | E |
| 7. 不到最后关头我决不放弃目标 | A | B | C | D | E |
| 8. 我觉得自己还有很大的潜能可以开发出来 | A | B | C | D | E |

资料来源：张大均. 大学生心理健康教育［M］. 北京：科学出版社，2007.

**【评分与评价】**

选项 A、B、C、D、E 分别为 1、2、3、4、5 分，将各题分数相加得到总分。总分高于 32 分，表示具有非常好的成功品质；总分在 24~31 分，表示成功品质较好；总分低于 24 分，表示为了成就自我需要对自己做些改进。

### 活动 8-4：你最重要——价值拍卖会

你知道吗？每个人都有一座潜能金矿，蕴藏无穷的宝藏，价值无法估量。

**活动主题**：树立正确的价值观。
**活动目的**：了解自己的价值观。
**活动内容**：
（1）魔术商店。

(2) 价值拍卖会。

(3) 分享时刻。

**理论分析：**

价值观是个人对于事物对错的判断，或他所重视的事物。价值观事实上与道德发展是有密切关联的。对于成长中的青少年而言，价值的形成、发展与建立颇为重要，有了良好的价值观基础，将有助于其进入成人社会。

价值澄清法，是被普遍用来协助青少年发展正向价值的方法。这种方法并不是用说教的方式来告诉青少年正确的方法，而是在活动中协助青少年了解自己的价值，并经由评价建立正向价值观念。价值澄清法强调价值形成的过程有以下七个指标：

(1) 自由地选择。

(2) 从各种可能的选择中抉择。

(3) 对每个可能的选择效果充分考虑之后再选择。

(4) 珍视与喜爱所做的选择。

(5) 肯定所做的选择，并愿意公开。

(6) 为选择采取行动。

(7) 付诸行动，使之成为生活的一部分。

本次心理辅导活动采用"价值拍卖会"的方式，大家可以用纸币换取自己所重视的价值。在竞标的过程中，大家可以自由地选择自己愿意花多少代价去得到某项价值。从活动中可看出每个人所重视的价值都不同，同时反映出价值观的多元性与个体差异。

**活动形式：** 游戏活动法

**活动过程**

1. 魔术商店

(1) 辅导教师请大家闭上眼睛，并找一个最舒服的姿势。

(2) 让大家想象自己平常逛街的景象：突然看见一间很奇妙的商店，走进去之后发现，这是一位长相奇特的老先生开的店！店里有各种各样的东西。然后，你看到了一样你觉得全世界最有价值的东西，那个东西是什么呢？这个时候，你非常想把它买下来，可是老先生说那是非卖品，除非你愿意用你自己所拥有的最珍贵的东西来交换，而你所拥有的最珍贵的东西又是什么呢？你愿意跟老先生交换吗？

(3) 辅导教师请大家睁开眼睛回想刚才的内容。你觉得最有价值的东西，与你拥有的最珍贵的东西是什么？你愿意交换吗？每个人的答案应该都不太一样，表明每个人所重视的价值观也都不同。

2. 价值拍卖会

(1) 辅导教师告诉大家现在商店在进行大拍卖，要进行一项名为"价值拍卖会"的活动。

(2) 发给每人一张价值拍卖表（详见"课后参考与思考"）与100万元纸钞，并告诉大家现在每人拥有100万元，可以竞标自己所想要的价值，如果竞标成功，辅导教师会落槌并表示拍卖完成。

(3) 辅导教师先让大家填写预算价格，再主持拍卖活动，并做各项拍卖记录。

（4）拍卖结束后，辅导教师发起讨论。
①每个人最重视的价值是什么？
②哪些价值是团体中大家普遍都想要的？
③是否每个人都能买到自己想要的价值？买到自己想要的价值的感觉是什么？

（5）辅导教师发放价值对照表（详见"课后参考与思考"），请大家对照自己所重视的价值是属于哪一项，以发现自己所拥有的独特的价值观。这些价值观不仅会影响我们的想法，还会影响我们的生活。

3. 分享时刻

（1）大家一起分享感受。

（2）辅导教师总结。

# 课后参考与思考

【自我测试】

## 人生价值取向

人生价值取向自测表（表8-4）中的题目能够帮助你了解自己的人生价值取向。仔细阅读每道题，选择符合你的答案。

表8-4 人生价值取向自测表

| 测量项目 | 选项 | |
| --- | --- | --- |
| 1. 个人利益应该符合党和国家的利益 | 符合 | 不符合 |
| 2. 个人的事再大也是小事，国家的事再小也是大事 | 符合 | 不符合 |
| 3. 人生应该最大限度地追求权力、地位和荣誉 | 符合 | 不符合 |
| 4. 人生的价值应当看他贡献什么，而不应当看他取得什么 | 符合 | 不符合 |
| 5. 人生应该正当地索取，积极地奉献 | 符合 | 不符合 |
| 6. 人生苦短，及时行乐 | 符合 | 不符合 |
| 7. 大利大干、小利小干、无利不干 | 符合 | 不符合 |
| 8. 人生的价值重在为社会创造物质和精神财富 | 符合 | 不符合 |
| 9. 人不为己，天诛地灭 | 符合 | 不符合 |
| 10. 倘若用天平来衡量人生的价值，贡献应是最重要的砝码 | 符合 | 不符合 |
| 11. 个人价值的实现应融入社会价值的创造中 | 符合 | 不符合 |
| 12. 主观为自己，客观为别人 | 符合 | 不符合 |

资料来源：张大均. 大学生心理健康教育 [M]. 北京：科学出版社，2007.

【评分与评价】

评分规则如下:

3、6、7、9 选择符合,得 -1 分;1、5、11、12 选择符合,得 0 分;2、4、8、10 选择符合,得 1 分。

得分之和与人生价值取向的关系如下:

(1) 分数为负值则表示人生价值是个人取向的,关注个人的利益、权势和享乐。

(2) 分数为 0 则表示个人与社会价值的统一,将个人价值的实现融入为社会做贡献之中。

(3) 分数为正值则表示人生价值是社会取向的,人生致力于为他人和社会做奉献。

【心灵花园】

## 价值拍卖会

价值拍卖表的内容如表 8-5 所示;相应的价值对照表的内容如表 8-6 所示。

拍卖规则如下:

(1) 每人有 100 万元纸钞,每项价值底价 10 000 元,每次喊价不得低于 10 000 元,总价不得超过 100 万元。

(2) 得标后,请依所出的价钱将纸钞放在团体中。

表 8-5 价值拍卖表

| 拍卖项目 | 预算价格 | 拍卖最高价格 | 购得价格 |
| --- | --- | --- | --- |
| 1. 有机会公平对待所有人 | | | |
| 2. 有钱帮助全世界贫困者 | | | |
| 3. 各科成绩都满分 | | | |
| 4. 每年都可以做自己想做的事 | | | |
| 5. 有机会知道重要问题的答案 | | | |
| 6. 有一颗可以使人说实话的药丸 | | | |
| 7. 可以成为世界级大富翁 | | | |
| 8. 可以当总统 | | | |
| 9. 拥有一位最要好的朋友 | | | |
| 10. 在世界上最美的地方有一栋房子 | | | |
| 11. 可以成为世界上最吸引人的人 | | | |
| 12. 可以健康地活到 100 岁 | | | |
| 13. 有一座藏有你喜爱的书的图书馆 | | | |
| 14. 能使世界上的人对待他人正如个人所希望的方式 | | | |

续表

| 拍卖项目 | 预算价格 | 拍卖最高价格 | 购得价格 |
|---|---|---|---|
| 15. 有 100 万元给世界上需要的人 | | | |
| 16. 可成为你希望的那一科目中成绩最好的学生 | | | |
| 17. 可以只有享乐，不需做事 | | | |
| 18. 可以做全世界最聪明的人 | | | |
| 19. 可以完全自主 | | | |
| 20. 有一屋子的钱 | | | |
| 21. 可以当 50 万人的老板 | | | |
| 22. 被世上每个人喜爱 | | | |
| 23. 拥有可以出席全世界各种音乐会与舞蹈表演的门票 | | | |
| 24. 拥有各种全新的衣服与发型 | | | |
| 25. 有一颗药丸可以解决所有你担心的事 | | | |
| 26. 有一部能回答你所有问题的计算机 | | | |
| 27. 有机会能与你所尊敬的神仙共处 | | | |

表 8-6　价值对照表

| 价　　值 | 项　　目 |
|---|---|
| 正　义 | 1、14 |
| 服　务 | 2、15 |
| 成　就 | 3、16 |
| 快　乐 | 4、17 |
| 智　慧 | 5、18 |
| 诚　实 | 6 |
| 自　由 | 19 |
| 财　富 | 7、20 |
| 权　力 | 8、21 |
| 爱　心 | 9、22 |
| 美　感 | 10、23 |
| 外　表 | 11、24 |
| 健　康 | 12 |
| 情绪良好 | 25 |
| 知　识 | 13、26 |
| 宗教与道德 | 27 |

资料来源：樊富珉. 团体心理咨询［M］. 北京：高等教育出版社，2000.

【思考题】

通过本次活动,你对自己的价值观有什么样的看法?

**活动8-5:情绪管理——阳光总在风雨后**

> 情绪稳定者,生命是喜剧;
> 情绪不稳定者,生命是悲剧。
> 快乐是可以自找的,
> 情绪是可以管理的。

**活动主题**:正确面对自己的情绪。
**活动目的**:学会有效地调节和控制自己的情绪。
**活动内容**:
(1) 察言观色。
(2) 晴时多云偶阵雨。
(3) 阳光总在风雨后。
(4) 全体合唱。
(5) 辅导教师总结。

**理论分析**:

人非草木,孰能无情。情绪是人类精神活动的重要组成部分,情绪控制与意志的自制性品质有着密切的关系。对情绪进行自我控制、引导、调节和适当的发泄,既有利于人们适应当今复杂的社会生活,有利于学习的进步,也有益于身心健康。要培养大学生的自控情绪能力,使其把握自己的情绪,就必须使他们了解、正视自己的情绪,并能恰当地表达自己的情绪和情感,找到驾驭情绪的方法。

合理情绪理论(ABC理论)——情绪控制与调节的重要方法:人们以情绪和行为的后果(C)来应对突发事件(A),但情绪和行为的后果(C)不是由突发事件(A)所引起的,而是由个体的信念系统(B)所引起的。当突发事件(A)是愉快事件时,所导致的信念可能是无害的;然而,当突发事件(A)是不愉快事件时,不合理的信念(B)就可能发展出来。这些不合理的信念(B)通常引起不良的情绪和行为的后果(C)。

**活动形式**:情景体验法。
**活动过程**:

1. 察言观色

情绪表达与观察。

准备十张表示情绪名词的小卡片,两人一组每组各抽一张小卡片,合作表演卡片上写的情绪,并让其他人猜是什么情绪。

2. 晴时多云偶阵雨

(1) 辅导教师说明:我们常用一句话来形容天气的多变,就是"晴时多云偶阵雨",这句话也同样被用来形容人的情绪。下面要谈的主题就是"情绪"。

（2）大家将不愉快的情绪写下来，分享与讨论。

3. 阳光总在风雨后

（1）辅导教师总结：情绪是客观事物是否符合人的需要而产生的态度体验。喜、怒、哀、乐、忧都是情绪。面对同一件事，不同的人会有不同的情绪反应，无论情绪是明朗的，还是阴暗的，它们本身都是正常的。因此，我们要认识它，接受它，并学会积极有效地调节与控制它。

（2）讨论：如何调节与控制不良情绪。

①在气急败坏时，一般人常有哪些行为？结果如何？

②在情绪较为平和时，一般人常有哪些行为？结果如何？

③比较上述两种情况，哪一种比较能解决问题？

④有哪些避免生气的方法，如装作没看见、衡量利弊得失、默数1、2、3或转移注意力以降低愤怒指数。

⑤想想看，还有哪些办法可以宣泄不良情绪？

⑥偷偷大哭一场。在你感到特别痛苦悲伤时，不妨痛痛快快地大哭一场。哭能有效地释放积聚的紧张、调节心理平衡。痛哭是消极情绪积累到一定程度的大爆发，好比盛夏的暴雨，越是倾盆而下，天晴得也就越快。

⑦向尊敬的师长、最信得过的朋友倾诉或写日记。把心中的不快、郁闷、愤怒、困惑等消极情绪，一股脑倒出来，会使你心理上轻松起来。

⑧欣赏音乐、唱歌、散步、运动或购物等。

总之，要注意情绪排泄法的及时应用，这样可以达到不良情绪的有效化解，使自身的精神堤坝坚不可摧，让精神之库不断注入振奋、欢欣与愉悦，让心境之水永远清澈与蔚蓝。

4. 全体合唱

大家一起演唱歌曲《阳光总在风雨后》。

5. 辅导教师总结

（1）情绪的适当与正确表达很重要，因为它是人际沟通的第一步。如果没有正确表达出自己的情绪，那你拿什么跟别人沟通？表达情绪的方式很多，如果不是用适宜的方式来表达，可能会造成不必要的误会或伤害。

（2）重要的是还需要学会承认并正视自己的情绪和情感，认识情绪对自己身心的影响，学会调节和控制自己的情绪，做情绪的主人，不做情绪的奴隶。

# 课后参考与思考

【自我测试】

表8-7为自我肯定测量表。其中1表示从来没有，2表示很少，3表示偶尔，4表示大

多是，5表示经常是。

表8-7 自我肯定测量表

| 测量项目 | 选项 | | | | |
|---|---|---|---|---|---|
| 1. 当一个人对你非常不公平时，你是否要让他知道 | 1 | 2 | 3 | 4 | 5 |
| 2. 你是否很容易做决定 | 1 | 2 | 3 | 4 | 5 |
| 3. 当别人占了你的位置时，你是否要告诉他 | 1 | 2 | 3 | 4 | 5 |
| 4. 你是否经常对自己的判断有信心 | 1 | 2 | 3 | 4 | 5 |
| 5. 你是否能控制自己的脾气 | 1 | 2 | 3 | 4 | 5 |
| 6. 在讨论或辩论中，你是否很容易发表意见 | 1 | 2 | 3 | 4 | 5 |
| 7. 通常你是否会表达自己的感受 | 1 | 2 | 3 | 4 | 5 |
| 8. 当你在做事时，如果有人注意你，你是否不受影响 | 1 | 2 | 3 | 4 | 5 |
| 9. 当你和别人说话时，你是否能轻易地注视对方的眼睛 | 1 | 2 | 3 | 4 | 5 |
| 10. 你是否易于开口赞美别人 | 1 | 2 | 3 | 4 | 5 |
| 11. 你是否因很难对推销员说"不"，而买些自己实在不需要或并不想要的东西 | 1 | 2 | 3 | 4 | 5 |
| 12. 当你有充分的理由退货给店方时，你是否迟疑不决 | 1 | 2 | 3 | 4 | 5 |
| 13. 在社交场合你是否容易保持交谈 | 1 | 2 | 3 | 4 | 5 |
| 14. 你是否觉得别人在言行中，很少表示不欢迎你 | 1 | 2 | 3 | 4 | 5 |
| 15. 如果有位朋友提出无理的要求，你能拒绝吗 | 1 | 2 | 3 | 4 | 5 |
| 16. 如果有人恭维你，你知道说些什么吗 | 1 | 2 | 3 | 4 | 5 |
| 17. 当你和异性谈话时，你是否不感到紧张 | 1 | 2 | 3 | 4 | 5 |
| 18. 当你生气时，是否不会严厉地责骂对方 | 1 | 2 | 3 | 4 | 5 |

资料来源：张大均. 大学生心理健康教育 [M]. 北京：科学出版社，2007.

【评分与评价】

（1）高度自我肯定：分数相加，得分在77分以上者，表示非常自我肯定，经常能适当、适时表露自己的意见与感受。

（2）中偏高度自我肯定：分数相加，得分在52~76分之间，表示大多数时候能表露自我的意见与感受，但偶尔做不到。

（3）中偏低度自我肯定：分数相加，得分在27~51分之间，表示偶尔能自我肯定，但大多数时候不能表达自己的意见与感受。

（4）低度自我肯定：分数相加，得分在26分以下者，表示非常不自我肯定，经常不能表露自己的意见与感受。

【生命剧场】

编写校园情景剧：《偶遇》。

方法：辅导教师说出剧情，由参与活动的大学生即兴表演，然后大家讨论情绪产生的原因。

主题：了解情绪、事件与想法的关联性。

演员：三人一组。

时间：白天。

地点：校园内。

道具：一张写有"别惹我，烦着呢！"的牌子。

故事：甲、乙、丙三人是要好的同班同学。甲同学今天心情不好，正在校园内徘徊，迎面走来乙同学和丙同学两人，两人向甲同学打招呼，甲同学却没有理他们。甲同学对他们的态度引起两人不同的情绪反应。

语言：乙和丙两人的对话。

分享：其他成员如果是乙和丙的话会是什么样的情绪反应？

（1）辅导教师带领大家讨论他们不同情绪反应的原因。

（2）介绍合理情绪理论（ABC理论）。

（3）成员练习调整不合理的信念（B）。

列举生活中的十个事例，让大家分辨事件、想法及结果。分清大家对事件A持有的信念哪些合理，哪些不合理，将不合理的信念作为B列出来。在此过程中，要采用各个击破的原则，一个一个去找，不能指望一锤定音、一了百了。

（4）全体参与活动的大学生分享体会和收获。

【思考题】

对于本次活动，你有什么体会？

**活动8-6：面对挫折——生命蜘蛛网**

钢是在烈火和急剧冷却中铸造而成的。只有这样它才能成为坚硬的，什么都不惧怕，我们这一代人也是在这样的斗争中和可怕的考验中锻炼出来的，并且学会了不在生活面前屈服。

——奥斯特洛夫斯基

**活动主题**：帮助大学生应对挫折。

**活动目的**：学会应对挫折。

**活动内容**：

（1）生命蜘蛛网。

（2）解方程式。

（3）分享时刻。

**理论分析：**

挫折是个体在从事有目的的活动中遇到的障碍和干扰，或是个体的目的未达到、需要未满足时的情绪状态。它具有两重性：一方面，挫折使人感到痛苦和失望，严重时产生消极对抗情绪，甚至使人悲观失望、放弃自我；另一方面，挫折可以使人奋起，促进人走向成熟和坚强，从而走向成功。正确地认识挫折，并不是一件容易的事。在挫折中，人的许多不理智的反应，不正确的行动，都与缺乏对挫折的正确认识有关。因此，增强挫折承受力首先应当树立正确的挫折观。

挫折的特性有以下两种：

1. 挫折的存在具有普遍性

人在社会中生活会有各种需要，因此就会有因需要得不到满足或目标无法实现而产生的挫折。可以说，挫折就是生活的一部分。每个人都会遇到各种不幸和厄运。"一帆风顺""万事如意""心想事成"，只是人们的美好愿望而已。纵观古今，许多有成就的科学家、文学家、政治家大都是从逆境和坎坷中磨砺过来的。所以说，人生路上有坎坷、有挫折是自然的、正常的，如同自然界、社会间的万事万物一样，都是在曲折中前进的。人若对挫折没有正确认识和心理准备，遇到挫折和压力就会惊慌失措、痛苦绝望；而有了正确的挫折观后，就能做好充分的心理准备，正确地对待挫折，不断进步。

2. 挫折具有双重性

世界上的任何事物都是一分为二的，挫折也是如此。挫折无疑会给人以打击，带来痛苦，但也能使人奋起，从中得到锻炼。曾国藩说："盘根错节，可以验我之才；波流风靡，可以验我之操；艰难险阻，可以验我之思；震撼折衡，可以验我之力；含垢忍辱，可以验我之节。"挫折对于弱者来说，往往是泯灭意志，甚至是导致消沉的深渊；而对于强者来说，则是塑造自身的刻刀。

挫折对人的心理健康的积极影响体现在：有利于人们更清楚地认识自己，认识自己所处的环境，不断调整自己，发挥自己的最大潜能，更好地适应环境和改善环境。人的心理也正是在与挫折的不断斗争中才变得更加成熟、更加坚强、更加健康的。

但是，过于强烈的、持续的挫折对人的心理健康则是极为不利的。许多心理障碍和心理疾病就是由于连续受到挫折而又不能很好地调适而产生的。具体来说，挫折影响个体的自我意识和对客观环境的正确认知；影响个体的思维活动和情绪反应；影响个体的能力发展和抱负水平等。如果挫折的出现过于强烈或过于频繁，超出了人的承受能力，使人长期处于高度紧张的状态之中，最终也会导致大脑机能紊乱，产生心理失衡及心理疾病。

**活动形式：** 讨论分析法。

**活动过程：**

1. 生命蜘蛛网

（引发动机）猜猜今天的主角是谁？

以暗示的方式让大家猜，题目如下：

（1）是一种动物。

（2）生长在陆地上的。

（3）会爬的。

（4）雌的大过雄的。
（5）大部分女生会怕的。
（6）会捕捉蚊子与苍蝇。
（7）外表黑黑的。
（8）有八只脚。
（9）会出现在屋子的墙角。
（10）会结网。
（11）猜出谜底之后，将之联结到生命蜘蛛网。

2. 解方程式

（1）大家围成一圈，双手张开，握住隔一位同学的手，想办法结成一个圈，但过程中手不能松开。

（2）大家一起讨论。

①当蜘蛛被大风一吹，会有什么样的感觉？（答案是掉下来的感觉）

②辅导教师引导大家一起来认识"生命蜘蛛网"，上面有很多格子，当你面对挫折的时候，你会愿意找谁来拉你一把，也许是你的妈妈或兄弟姐妹等。

③大家想想自己"生命蜘蛛网"上有哪些朋友、亲人，最内圈的是自己遇到挫折时最先想到要求助的人，最外圈的即是较少会求助的人。

④写完后辅导教师请大家看看自己的"生命蜘蛛网"上最内圈都填了哪些人，并请大家分享找这些人的经验、成效。

3. 分享时刻

（1）全班分享：结合你所知道的事例，谈谈挫折对人会造成什么影响？战胜挫折会怎样？被挫折打倒又会怎样？

（2）人生路上，每个人都会遇到挫折。挫折是人生的转机，有人因此沉沦，有人因此坚强。挫折可以磨练我们的意志，帮助我们成长，使我们更有毅力，更有智慧，更加成熟。但是遇到挫折，不能光靠勇气去战胜，而应该冷静分析挫折产生的原因，总结经验教训，更好地前进。下面，让我们结合以上所举事例一起来探讨如何面对挫折。

（3）辅导教师总结：成功者勇于面对挫折，冷静分析困难，充满信心，并制订计划、创造条件，努力实现目标，最终获得成功。失败者缺乏信心和勇气，表现出失意、烦恼、沮丧的情绪，觉得自己不行，没有能力，做不了，最终放弃奋斗，导致失败，甚至产生绝望的情绪。

# 课后参考与思考

【自我测试】

## 意志力测试

说明：下面的每道试题均有 A、B、C、D、E 五种情况可供选择，你可根据自己的情况做出判断。

A：很符合自己的情况。

B：比较符合自己的情况。

C：介于符合与不符合之间。

D：不大符合自己的情况。

E：很不符合自己的情况。

（1）我很喜欢长跑、远足、爬山等体育运动，但并不是因为我的身体条件适合这些运动，而是因为这些运动能够锻炼我的体质和毅力。

（2）我给自己制订的计划，常常因为主观原因不能如期完成。

（3）若没有特殊原因，我每天都按时起床，从不睡懒觉。

（4）我的作息没有什么规律性，经常随自己的情绪和兴致而变化。

（5）我信奉"凡事不干则已，干则必成"的名言，并身体力行。

（6）我认为做事情不必太认真，做得成就做，做不成便罢。

（7）我做一件事情的积极性，主要取决于这件事情的重要性，即该不该做；而不在于对这件事情的兴趣，即不在于想不想做。

（8）有时我躺在床上，下定决心第二天要做一件事情，但到第二天这种劲头又消失了。

（9）在学习和娱乐发生冲突的时候，即使这种娱乐很有吸引力，我也会马上决定去学习。

（10）我常因读一本引人入胜的小说或看一出精彩的电视节目，而不能按时入睡。

（11）我下决心办成的事情（如练长跑），不论遇到什么困难（如腰酸腿疼），我都能坚持下去。

（12）我在学习和工作中遇到了困难，首先想到的就是问问别人有什么办法。

（13）我能长时间做一件重要而枯燥无味的工作。

（14）我的兴趣多变，做事情常常是"这山望着那山高"。

（15）当我决定做一件事时，常常说干就干，决不拖延或让它落空。

（16）我办事喜欢先捡容易的做，难的能拖则拖，实在不能拖时，就赶时间做完，所以别人不大放心让我做难度大的工作。

（17）对别人的意见，我从不盲从，总喜欢分析、鉴别一下。

（18）凡是比我能干的人，我不大怀疑他们的看法。

（19）遇事我喜欢自己拿主意，当然也不排斥听取别人的建议。

（20）生活中遇到复杂情况时，我常常举棋不定，拿不了主意。

（21）我不怕做我从来没有做过的事情，也不怕一个人独立负责重要的工作，我认为这是对自己很好的锻炼。

（22）我生来胆怯，没有十二分把握的事情，我从来不敢去做。

（23）我和同学、朋友、家人相处，很有克制能力，从不无缘无故发脾气。

（24）在和别人争吵时，我有时虽明知自己不对，却忍不住要说一些过头的话，甚至骂对方几句。

(25) 我希望自己做一个坚强、有毅力的人，因为我深信"有志者事竟成"。

(26) 我相信机遇，很多事实证明，机遇的作用有时大大超过个人的努力。

**【评分与评价】**

评分规则如下：

在上述试题中，题号为单数的试题评分标准为：A 记 5 分，B 记 4 分，C 记 3 分，D 记 2 分，E 记 1 分；题号为双数的试题评分标准为：A 记 1 分，B 记 2 分，C 记 3 分，D 记 4 分，E 记 5 分。

得分之和与意志力的关系如下：

110 分以上，说明你意志很坚强。

91~110 分，说明你意志较坚强。

71~90 分，说明你意志只是一般。

51~70 分，说明你意志比较薄弱。

50 分以下，说明你意志很薄弱。

### 应对挫折测试

当你遇到烦恼和痛苦的事情，如学习失利、人际关系处理不好、失恋或其他不顺心的事时，你会怎样处理？测一测你应对挫折的能力（表 8-8）。请认真阅读表中的每一项，选择最适合你的。

A：表示常常这样；B：表示偶尔如此；C：表示没有或很少时间这样。

表 8-8 应对挫折水平自测表

| 测量项目 | 选项 | | |
|---|---|---|---|
| 1. 觉得自己没有办法解决这些困难 | A | B | C |
| 2. 能随机应变采取相应的措施去对付这些困难 | A | B | C |
| 3. 会很长时间情绪低落，陷入紧张或混乱的状态 | A | B | C |
| 4. 能冷静地分析原因，修改和调整方案 | A | B | C |
| 5. 尽管事情过去很长一段时间，心里还是有阴影 | A | B | C |
| 6. 向有经验的亲友、师长寻求解决问题的办法 | A | B | C |
| 7. 不知道该怎么办，常会依赖父母、朋友或同学来解决 | A | B | C |
| 8. 常对自己说：这个困难是上天给我的锻炼机会 | A | B | C |
| 9. 常常幻想自己已经解决了面临的困难 | A | B | C |
| 10. 从有相同经历的人那里寻求安慰 | A | B | C |

资料来源：张大均. 大学生心理健康教育 [M]. 北京：科学出版社，2007.

**【评分与评价】**

评分规则如下：

第1、3、5、7、9题，选A得1分，选B得2分，选C得3分；第2、4、6、8、10题，选A得3分，选B得2分，选C得1分。将10道题的得分相加即可得到你应对策略的得分。

得分之和与应对挫折的关系如下：

10~20分，说明你的挫折感较低，知道一些应对挫折的技巧。

20~30分，说明你的挫折感适度，知道少许应对挫折的技巧。

0~10分，说明你的挫折感较强，需要掌握一些应对挫折的技巧。

**【思考题】**

今后你将如何面对与应对挫折？

**活动8-7：面对压力——风雨之后是彩虹**

> 每个人心中都有一个压力指数表，
> 就像水库的闸门一样，水见底了不好，
> 但是一旦超过警戒线，就会……

**活动主题**：帮助学生面对压力。

**活动目的**：学会面对压力。

**活动内容**：

（1）寻找压力源。

（2）减压妙方。

（3）辅导教师总结。

**理论分析**：

心理压力可以是来自外界或者是内心的，它会使人产生一种紧张的情绪。压力的种类和来源因人而异，大多数人所感受到的压力都是不相同的。例如，父母有养家的压力，大学毕业生有找工作的压力，学生有考试的压力等。心理压力是人们生活中的一种普遍现象，它是造成身心疾病的主要原因之一，是影响心理健康的重要因素。心理压力可能引起一些人消极的反应，如焦虑、惊恐、抑郁等情绪反应，或头痛、无力、疲倦等身体症状。要应对心理压力问题，就必须找出造成心理压力的原因，这样才能针对性地采取适当的应对策略。

造成心理压力的原因主要有三个方面。

1. 日常生活规律的改变

生活的一切变化或生活习惯的改变，都可能造成一定的心理压力。

2. 抑郁或焦虑

包括由于某种事件或情景所引起的情绪低落和焦虑，以及由于个人气质或性格所造成的长期抑郁或焦虑。例如，父母对孩子的期望太高，远远超过了孩子的能力，会使孩子感到持续的紧张和焦虑，这就给孩子造成了巨大的心理压力。又如，有些学校将学生的测验成绩、考试成绩排名列榜公布，这种竞争因素也会造成学生的抑郁或焦虑，给学生带来许多心理压力。

3. 遭受挫折或矛盾冲突

包括生活、学习和工作中所遇到的种种挫折、失意和矛盾所带来的内心冲突等。

此外，身体的病痛和不适，某些性格特点，也都可能是造成心理压力的原因。

那么怎样应对心理压力，从心理压力中解脱出来呢？首先，可以调整自己的认知，即跳出习惯的思维方式，变换观察问题的角度。其次，可以改变自己的态度。建立符合自己实际情况的抱负水平和欲求水平，是改变态度的一个方面。人必须有一定的抱负和欲求，这样，人生才有追求的目标，但欲求水平也不能过高，俗话说"知足常乐"，如果欲求过高，一旦不能满足也容易产生心理压力。而态度的改变，包括对待失败与挫折的态度也容易产生心理压力。只有冷静地对待失败（包括过失）与挫折，认真地分析原因，从中吸取教训，才能化压力为动力，变坏事为好事。或者在感到心理压力大而不能解脱时，能及时与人交谈，一吐心中的压抑和烦恼，也容易得到别人的帮助。

另外，要采取适当的行动来应对心理压力。

（1）准备一条冷毛巾，随时擦脸，以助清醒。

（2）脱掉鞋袜，用脚尖走路，走上几分钟，心中的烦恼便会跟着走掉了。

（3）找一位乐观的朋友或同学倾诉，发泄一下情绪。

（4）喝一杯酸梅汤或果汁醋，疏通肝气。

（5）闭上眼睛，尽力想身体后面的景物，平衡前后脑的压力。

（6）读你最崇拜的人的格言，并认真思考，这有镇定的作用。

（7）多赞美及鼓励自己，不要遇到挫折就苛责自己。

（8）做到晚上 10 点前睡觉，早上 6 点前起床。

（9）多看喜剧片，开怀大笑一番。

（10）简化自己的生活及欲望，因为生活越复杂，压力就越大。

（11）自己动手做东西，会使你更满足、更快乐，如可以学习烹饪或做自己最喜欢的事。

（12）不要总是抱怨麻烦的事情落在自己头上，而是要想老天让我与日俱增经验和智慧，生活因此更丰富。

（13）经常到书店走走，读一些励志的书籍、漫画及幽默文选。

（14）不断告诉自己，要能容纳别人不同的观念或行为。

**活动形式**：综合法。

**活动过程**：

1. 寻找压力源

（1）热身活动：听或唱歌曲《蜗牛》。

（2）分组：按卡片颜色分组（红、黄、蓝、绿、橙、紫六组）。

（3）小组讨论：大家对心理压力这个名词并不陌生，可以一起讨论生活、学习中常常会遇到哪些压力。压力源有两种：外来压力和内在压力。分析自己的压力源主要来自哪里，并填在表8-9中。

表8-9 压力源

| 外来压力 | 内在压力 |
| --- | --- |
|  |  |

2. 减压妙方

辅导教师引导大家减压。

（1）压力是人生命中必然的遭遇，全看我们如何去面对，今天的辅导活动主要是教大家通过冥想来放松自己，并且帮助大家学会减压，找到自己生命中的支持系统。

（2）人有一定的心理压力是正常的，但是如果长久地承受巨大的心理压力，就容易产生心理疾病，影响心理健康。因此大学生应采取积极的态度和有效的方法，努力缓解压力，保持心态平衡。如何缓解心理压力呢？请大家一起讨论自己减压的经历。

（3）辅导教师在大家讨论的基础上做如下提示：

①学会减压。与大家一起分析哪些压力是可以减掉的。

②学会自我排解。采取不影响他人和社会的方式，将内心的消极情绪发泄出来，然后重新投入学习和生活中。例如，遇到十分伤心的事，索性大哭一场，将郁闷情绪发泄出来，这样心理就会轻松一些。

③找人倾诉烦恼。有了困惑、痛苦等压力，可以找亲朋好友或同学倾诉，听听别人的见解，通过交流能有效地缓解心理压力。有人说"一个痛苦两人分担，痛苦就减轻了一半"，这话确实有道理。

④转移消解压力。在一件事情上失败，短期内又无法改变时，可以通过其他活动来弥补不能实现的愿望；或者转移注意力，让压力在其他活动中得到释放，如参加文体娱乐活动，使自己获得愉快的心情，压力就会逐渐消解。

⑤不过分苛求。每个人都有自己的长处和短处，如果要求自己十全十美，甚至以己之短比人之长，必然压力重重。大学生应该建立悦纳自己的健康人生态度，树立适度的奋斗目标，这样更有利于身心健康。

⑥专心致志做事。一个人同时面对多件事情时，容易形成巨大的压力。大学生要学会有计划、有步骤地安排自己的生活和学习，减少不必要的心理负担，集中精力做一件事，以免身心疲惫不堪。

⑦积极面对现实。遇到打击时，与其沉浸于痛苦中不能自拔，不如勇敢地面对现实，控制好自己的情绪，积极寻找对策，或许会取得满意的效果。

3. 辅导教师总结

良好的心态是心理健康的重要标志，也是素质教育的培养目标。大学生有必要掌握一些平衡心理的方法，正确面对和缓解心理压力，这将有助于获得健康的心理和健康的人生。

# 课后参考与思考

【自我测试】

我的压力指数

你的压力有多少？程度如何？请回想最近一个月（或一直持续），你是否有以下情形（将符合的项目圈起来）。

(1) 比以前觉得更容易头晕、脑袋昏沉。
(2) 眼睛比以前更容易疲劳、视力模糊。
(3) 有时会鼻塞，有时鼻子怪怪的。
(4) 常感觉站起来时会头晕，而且还会瞬间头晕眼花，站不稳。
(5) 有时会耳鸣，但以前并没有此情形。
(6) 火气大（嘴破、长痘痘）的情形比以前更容易发生。
(7) 经常喉咙痛或干涩。
(8) 常感冒，而且不容易好，感觉抵抗力变差了。
(9) 舌头经常长白色舌苔，但以前并不会。
(10) 以前喜欢吃的东西，现在觉得并不那么想吃，对食物的喜好逐渐改变。
(11) 觉得胃里的食物没有被消化，常觉得胃怪怪的。
(12) 肚子发胀、疼痛，比以前更常出现腹泻、便秘交替出现的情形。
(13) 肩、颈、背部和腰部常感到疼痛或僵硬。
(14) 比以前更容易疲劳，而且疲劳好像不太能消除。
(15) 体重下降，有时会没有食欲，或反之，无食欲性地暴饮暴食。
(16) 稍微做点事就立刻感到疲惫或情绪烦躁。
(17) 有时早上起床时仍觉得精神差，好像没睡好。
(18) 觉得自己生病了，却检查不出原因。
(19) 对学习提不起劲，注意力也无法集中。
(20) 跟以前比起来，夜里常难以入睡。
(21) 常常做梦，但以前并不会。
(22) 半夜常会醒过来，然后就不容易睡着了。
(23) 常会突然觉得喘不过气来，好像缺氧了一样。
(24) 有时会有心悸的症状，以前并不会。
(25) 有时觉得胸口好像被勒紧般疼痛或闷闷的。
(26) 容易为一点小事生气，觉得烦躁不安。

（27）容易迁怒于与自己亲近的人。
（28）手脚常觉得冰冷，以前不太会有这种情形。
（29）容易流汗，尤其是手掌及腋下。
（30）大家觉得好笑的事，自己却觉得笑不出来。
（31）不太想与人接触，觉得麻烦，宁愿一个人待在家，但以前并不会。
总分：_____（每题1分）

【评分与评价】

分数会说话，你的生活是紧张还是放松，评价如下：

0~5分，平常的你应该很快乐！不仅感觉很自在、舒服，而且不会有困扰自己的想法，身体状况也维持得不错。想必你是个知道如何调适自己压力的人，恭喜你！

6~10分，建议你改变心情，维持正常生活作息。最近在生活上有些令你感到有压力的事情。虽然是小事，但是让你感觉有点情绪紧张！不过没什么太大的关系，现代的人有轻度的焦虑，是很正常的现象。你只要多关心一下自己的身体和你在意的事情，想想有什么方法可以解决问题，或找朋友谈谈你的情况，相信可以慢慢让自己感觉舒服。

11~18分，最近在生活上是不是有些令你感到有压力的事情，让你感觉有点喘不过气来？这种压力虽然还不是很严重，但似乎开始影响你现在的生活了！建议你可以找朋友聊聊天，或是到户外走走，或是做些让自己放松和快乐的事情。总之，适当地照顾自己、缓解一下自己的生活压力是很必要的。这样，压力才不会严重地影响你，让你身心受到更大的煎熬。

19~23分，现在的你，可能觉得全身都不太对劲，感觉很紧绷。而这样的状况，如果只出现在最近这几天还好，如果已经持续好几个月了，那么你应该到咨询中心与心理辅导教师谈一谈，或看一些自助的书籍！通过这些，你可以重新舒服、自在地生活。

24~31分，最近你可能会觉得心情非常烦躁，常常心跳很快、注意力不能集中；也可能会觉得睡眠很不安稳，难以入睡，或容易有口干舌燥、疲累、非常不安的情况。如果类似上述的情况发生在你身上好几个月了，那么你真的非常需要找医生帮你缓和焦虑的状态，因为吃药可以缓解生理上的不舒适。同时，若你能与咨询中心的心理辅导教师谈一谈，通过与他们谈话，你将不会再觉得无助。

（资料来源：张大均. 大学生心理健康教育［M］. 北京：科学出版社，2007.）

**活动8-8：电影欣赏——《荒岛余生》分享与讨论**

《荒岛余生》经典台词："太阳每天都是新的，谁知道今天大海又会给我们带来什么？"

《荒岛余生》是一部让人产生无限想象和给人带来无限启发的电影。电影的主角是一个联邦快递业务督导，这是个整天在各地飞来飞去的工作。在一次不幸的空难中他幸运地成为唯一的幸存者，但更不幸的是他漂流到了一个与世隔绝的荒岛上，和他一起的只有一块镶有未婚妻相片的怀表、一只排球、一个联邦快递和一艘皮划艇。他试图通过划皮划艇离开荒岛，但因为海上风浪太大失败了，皮划艇也坏了，这时他知道他将在荒岛上度过余生。他也想过死，曾经爬上山崖试图用绳子将自己吊死，但上天再一次给了他生命，他没能按计划吊死。于是，他想要呼吸，想要在这个世界上活下去，即使是在这个荒岛上，他也想要活下去。

四年以后他已经成了一位出色的捕鱼者，怀表上未婚妻的相片成了他求生的希望，排球成了他唯一的朋友，而那个联邦快递成了他生存的责任，四年了他没有因为好奇而拆开那个快递，电影导演在记者采访的时候幽默地说那个快递里面是一个防水的太阳能卫星电话。但就在四年以后一块漂来的钢板使他又燃起了离开荒岛的欲望。他将树皮和树木做成木筏，将钢板做成船帆。

这次他成功了，他逃过了海浪，经过几天的海上航行，船帆没了，唯一的朋友排球也漂走了，他再一次陷入绝望。而这时一艘货轮发现了他，将他救了上来。四周后他出现在去孟菲斯的飞机上，当他得知未婚妻已经嫁人后，十分失望。他能做的最后一件事就是将那个联邦快递送到四年前就该拿到它的 May 手上，但是 May 不在家，他留下了一张便条。在一个十字路口他找不到回孟菲斯的方向，正在这时一个美丽的女孩给他指了路，正准备走时他才意识到刚才的女孩可能就是 May。这时，这部电影最给人联想和启发的一幕出现了：他站在十字路口的中间，迷茫地看着四条通往远方的公路，不知道自己的未来在何方。

# 第九章 珍惜生命——大学生生活心理辅导

**学习目标**

> - 不断适应生活环境，懂得生活的意义，养成良好的习惯。
> - 学会生存、关心、负责和交往，树立正确的生活态度。
> - 培养健全人格，维护心理健康，促进自我发展。

## 第一节 生活心理辅导概述

生活心理辅导不仅是学校辅导的一部分，也是现代学校教育的一项主要内容。让学生学会学习、学会生活、学会做人，珍惜生命，已成为现代教育的潮流。

1998年，联合国教科文组织召开"迎接21世纪高等教育大会"，教科文组织的总干事在大会上讲：学校要让学生学会做人、学会生存，要让学生学习知识，要让学生学习如何掌握这些知识，还要让学生学习如何与其他人相处。

### 一、什么是生活心理辅导

生活心理辅导是对大学生日常生活的心理辅导，也是对大学生做人的心理辅导。它主要是通过学校生活辅导、人际关系辅导、休闲辅导和消费辅导等来培养大学生高尚的生活情趣、乐观的生活态度和良好的生活习惯。这对大学生在将来获得幸福而充实的生活具有潜在的影响。同时，对他们发展个性、增强才干、提高学习效率也具有有力的迁移作用。

### 二、生活心理辅导的目标和内容

#### （一）生活心理辅导的目标

生活心理辅导主要有以下四个目标：
(1) 帮助大学生不断适应生活环境，提高生活能力，懂得生活的意义。
(2) 帮助大学生学会生存、学会关心、学会负责、学会交往。
(3) 引导大学生培养正确的学习态度，养成良好的生活习惯。
(4) 帮助大学生学会规划时间，学会合理休闲与消费。

## （二）生活心理辅导的内容

生活心理辅导主要有以下四个内容：
（1）新生适应新环境心理辅导。
（2）时间管理心理辅导。
（3）休闲与消费心理辅导。
（4）人际关系心理辅导。

## 三、生活心理辅导的意义

"作为一个人，首先应该学会的便是如何生存。"学会认知、学会做事、学会共处、学会生存是现代教育的四大支柱，而学会生存是现代教育的最终目标。

生活心理辅导主要是帮助大学生学会生存和休闲。因为人是社会人，学会生存是立足社会的基本条件。同时，学会生存必须从学会共处开始，学会共处是现代人必不可少的能力，因为现代社会的一个突出特点是分工越来越细，而协作越来越多，大到一项科研成果的出现，小到一个人获得成功，都是在个人努力的基础上相互协作的结果。另外，作为社会人，在工作和学习之余还应有高水平的休闲生活，提高生活品位。

人生的道路并不都是平坦大道、布满鲜花，有时也会有崎岖险峰、布满荆棘。面对顺利与成功有如何生存的问题，面对困难与失败更有如何生存的问题。所以，大学生从现在起就要学会生存，自己的事情自己做，培养独立的生活能力。

# 第二节　生活心理辅导活动

## 一、生活心理辅导活动设计大纲

生活心理辅导涉及大学生在校适应、时间管理、人际沟通、网络应用和休闲活动等内容。我们将这些活动设计出大纲，在教学中可以结合理论部分的有关内容及大学生的具体情况有选择地进行活动。班级生活心理辅导活动设计大纲如表9-1所示。

表9-1　班级生活心理辅导活动设计大纲

| 次序 | 单元名称 | 单元目标 | 主要活动内容 | 时间/分钟 |
| --- | --- | --- | --- | --- |
| 1 | 赢在起跑线（一） | 帮助新生尽快相识；<br>促进新生对新环境的心理适应 | 有缘相识 | 100 |
| 2 | 赢在起跑线（二） | 帮助新生认识学校环境；<br>使新生了解如何有效学习；<br>学会制定自己的人生目标 | 知场之旅 | 100 |

续表

| 次序 | 单元名称 | 单元目标 | 主要活动内容 | 时间/分钟 |
|---|---|---|---|---|
| 3 | 运筹帷幄 | 帮助大学生检查自己的时间规划是否得当；<br>协助大学生认识时间、把握时间、珍惜时间、创造时间 | 追逐生命的时光 | 100 |
| 4 | 有效沟通 | 帮助大学生学习有效的情绪管理及沟通方式；<br>增进大学生的人际沟通技巧及能力，建立良好的人际关系 | 跨越七彩桥 | 100 |
| 5 | 网络在线 | 引导大学生处理好上网与学习、生活的关系；<br>让大学生明确现实世界与虚拟世界的区别，不要在网络世界中迷失自我 | 无限精彩世界 | 100 |
| 6 | 休闲好时光 | 使大学生对休闲活动有进一步的了解；<br>使大学生能够规划自己的休闲时间；<br>使大学生能选择适当的休闲活动 | 休闲广场 | 100 |
| 7 | 春暖花开 | 让大学生了解完美爱情的要素；<br>使大学生慎重考虑终身大事 | 爱情价值观 | 100 |
| 8 | 花好月圆 | 帮助大学生了解完美爱情三角形；<br>使大学生明确交流、激情和承诺的重要性 | 爱情金三角 | 100 |
| 9 | 电影欣赏 | 使大学生理解人生的意义和价值 | 《遗愿清单》分享与讨论 | |

注：每一单元的活动，师生可根据自己的需要和兴趣有选择地完成。

## 二、生活心理辅导活动实施

下面活动 9-1 至 9-9 是本章每次辅导活动的实施案例及具体应用过程。

**活动 9-1：赢在起跑线（一）——有缘相识**

身为新生，要做好充分准备，<br>良好的开端是成功的一半，<br>让我们赢在起跑线！

**活动主题**：新生适应新环境。
**活动目的**：新生之间尽快相识，加深对彼此的感性认识。
**活动内容**：
（1）相识欢。
（2）滚雪球。
（3）连环炮。
（4）全班分享。
**理论分析**：
大学新生面临从中学生到大学生的角色转变，生活方式、生活内容和生活要求都发生了量和质的变化，如果没有及时调整心态，就会给后续年级留下"后遗症"。如何缩短衔接过程，降低消极影响，加速新的、积极心态的形成，尽快适应大学生活的新要求，是新生亟待解决的问题。

人的发展是指人生的发展，是人的身心随着时间的推进不断变化的过程。人的心理发展是伴随着人的身体发育成熟，人的认识、情感、能力和社会性等方面获得完善成长的过程，它是一个人整个一生中行为和心理的发展过程。

人的发展不都被动地取决于环境，人的心理活动、人对自我的认识、人的个性特点和人的积极主动精神，对人的发展具有重要的作用。

大学生生活适应的内容包括六个方面：适应大学环境、适应新的角色、树立正确的人生观、学会控制和调整自己的心境、培养自我认识与接受的能力、提高独立生活能力。

学校是人们学习的重要场所，学习是人们成长的重要方式。本次活动将带给新生莫大的助力，引导其走上更充实的学习生涯。

**活动形式**：游戏活动法

**活动过程**

1. 热身活动

欣赏歌曲《相逢是首歌》（歌词参见"课后参考与思考"）。

2. 具体活动（本次活动的四个环节）

（1）相识欢。

辅导教师请相似的同学（如来自同一地区的、兴趣爱好相同的、理想一致的）分别站起来，互相认识。

（2）滚雪球。

从一滚到二、二滚到四、四滚到八、八滚到十六。即每人下去找一位自己不太熟悉的同学，两人互相介绍；然后两人为一组去找另外一组的两位同学，分别将自己一组的一方介绍给对方，四人为一组再去找另外四人一组的同学形成一个八人组互相介绍，依次类推。

（3）连环炮（首先小组连环做自我介绍，然后全班分享）。

具体方法如下：

①分组：五人一组，可按出生的月份分组（如一月组、二月组、三月组等）。

②辅导教师指导语：每人介绍自己时，在自己的名字前加三个定语（如来自哪里、兴趣爱好、对未来的向往等）。

③小组连环自我介绍如表9-2所示。

表9-2 小组连环自我介绍

| A：我是＿＿＿、＿＿＿、＿＿＿的A； |
| --- |
| B：我是＿＿＿、＿＿＿、＿＿＿的A旁边的＿＿＿、＿＿＿、＿＿＿的B； |
| C：我是＿＿＿、＿＿＿、＿＿＿的A旁边的＿＿＿、＿＿＿、＿＿＿的B旁边的＿＿＿、＿＿＿、＿＿＿的C； |

续表

| |
|---|
| D：我是\_\_\_\_\_、\_\_\_\_\_、\_\_\_\_\_的A旁边的\_\_\_\_\_、\_\_\_\_\_、\_\_\_\_\_的B旁边的\_\_\_\_\_、\_\_\_\_\_、\_\_\_\_\_的C旁边的\_\_\_\_\_、\_\_\_\_\_、\_\_\_\_\_的D；<br>　　E：我是\_\_\_\_\_、\_\_\_\_\_、\_\_\_\_\_的A旁边的\_\_\_\_\_、\_\_\_\_\_、\_\_\_\_\_的B旁边的\_\_\_\_\_、\_\_\_\_\_、\_\_\_\_\_的C旁边的\_\_\_\_\_、\_\_\_\_\_、\_\_\_\_\_的D旁边的\_\_\_\_\_、\_\_\_\_\_、\_\_\_\_\_的E。 |

（4）全班分享。

①每个小组集体上台演示连环炮。

②辅导教师说出一位同学的特色，大家共同说出他（她）是谁。

3. 分享时刻

（1）对本次活动的感受。

（2）即兴发言：我来到新学校的感触。

4. 辅导教师总结

辅导教师对整个活动做总结，并给予正面的回馈。

# 课后参考与思考

【心灵之歌】

### 相逢是首歌

你曾对我说　相逢是首歌

眼睛是春天的海　青春是绿色的河

你曾对我说　相逢是首歌

眼睛是春天的海　青春是绿色的河

相逢是首歌　同行是你和我

心儿是年轻的太阳　真诚也活泼

相逢是首歌　同行是你和我

心儿是年轻的太阳　真诚也活泼

你曾对我说　相逢是首歌

眼睛是春天的海　青春是绿色的河

你曾对我说　相逢是首歌

分别是明天的路　思念是生命的火

相逢是首歌　歌手是你和我

心儿是永远的琴弦　坚定也执着
相逢是首歌　歌手是你和我
心儿是永远的琴弦　坚定也执着

【自我测试】

## 心理适应性自测

为了帮助你了解心理适应能力，我们选用了我国著名发展心理学家陈会昌编制的心理适应性测量问卷，它包括20个题目，每个题目后有5种供选择的答案。具体做法为：在阅读每题后，从答案中选择符合你实际情况的一个答案。

（1）把每次考试的试卷拿到一个安安静静、无人监考的房间去做，我的成绩一定好一些。
　　A. 很对　　　B. 对　　　　C. 无所谓　　　D. 不对　　　　E. 很不对

（2）夜间走路，我能比别人看得更清楚。
　　A. 是　　　　B. 好像是　　C. 不知道　　　D. 好像不知道　E. 不是

（3）每次离开家到一个新的地方，我总爱闹点情绪，如失眠、拉肚子、皮肤过敏等。
　　A. 完全对　　B. 有些对　　C. 不知道　　　D. 不太对　　　E. 不对

（4）我在正式运动会上取得的成绩比体育课或平时练习成绩好些。
　　A. 是　　　　B. 似乎是　　C. 无法确定　　D. 似乎不是　　E. 正相反

（5）我每次明明把课文背得滚瓜烂熟，可在课堂上背的时候，却总要出点差错。
　　A. 经常如此　B. 有时如此　C. 无法确定　　D. 很少这样　　E. 没有这种情况

（6）到我发言时，我似乎比别人更镇定，发言也显得很自然。
　　A. 对　　　　B. 有些对　　C. 不知道　　　D. 不太对　　　E. 正相反

（7）我冬天比别人更怕冷，夏天比别人更怕热。
　　A. 是　　　　B. 好像是　　C. 不知道　　　D. 好像不知道　E. 不是

（8）在嘈杂、混乱的环境里，我仍能集中精力学习、工作，效率并不会大幅降低。
　　A. 对　　　　B. 略对　　　C. 无法确定　　D. 有些不对　　E. 不对

（9）每次体检时，医生都说我"心跳过速"，其实我平时脉搏很正常。
　　A. 是　　　　B. 有时是　　C. 时有时无　　D. 很少　　　　E. 根本没有

（10）如果需要的话，我可以熬一个通宵，精力充沛地学习和工作。
　　A. 完全同意　B. 有些同意　C. 无所谓　　　D. 略有不同　　E. 不同意

（11）当父母或兄弟姐妹的朋友来家做客时，我尽量回避他们。
　　A. 是　　　　B. 有时是　　C. 时有时无　　D. 很少有　　　E. 根本没有

（12）出门在外，虽然吃饭、睡觉、环境等变化很大，可是我很快就能习惯了。
　　A. 是　　　　B. 有时是　　C. 是与否之间　D. 很少是　　　E. 完全不是

（13）参加各种比赛时，赛场上越激烈，群众越加油，我的成绩越上不去。
　　A. 是　　　　B. 有时是　　C. 是与否之间　D. 很少是　　　E. 不是

（14）上课回答问题或开会发言时，我能镇定自若地把事先想好的一切都完全说出来。
A. 对　　　　B. 略对　　　　C. 对与不对之间　D. 略不对　　　E. 不对

（15）我觉得一个人做事比大家一起做效率高些，所以我愿意一个人做事。
A. 是　　　　B. 好像是　　　C. 是与否之间　　D. 好像不是　　E. 不是

（16）为了求得和睦相处，我常常放弃自己的意见，附和大家。
A. 是　　　　B. 有时是　　　C. 是与否之间　　D. 好像不是　　E. 不是

（17）当着众人和生人的面，我感到窘迫。
A. 是　　　　B. 有时是　　　C. 是与否之间　　D. 好像不是　　E. 不是

（18）无论情况多么紧迫，我都能注意到该注意的细节，不爱丢三落四。
A. 对　　　　B. 略对　　　　C. 对与不对之间　D. 略不对　　　E. 不对

（19）和别人争吵时，我常常哑口无言，事后才想起怎样反驳对方，可是已经晚了。
A. 是　　　　B. 有时是　　　C. 是与否之间　　D. 很少是　　　E. 不是

（20）我每次参加正式考核或考试的成绩，常常比平时更好些。
A. 是　　　　B. 有时是　　　C. 是与否之间　　D. 很少是　　　E. 不是

【评分与评价】

评分规则如下：
（1）凡是单号题［（1）、（3）、（5）……］，从 A~E 回答依次记 1、2、3、4、5 分。
（2）凡是双号题［（2）、（4）、（6）……］，从 A~E 回答依次记 5、4、3、2、1 分。
得分之和与心理适应能力的关系如下：
81~100 分，适应能力很强。
61~80 分，适应性强。
41~60 分，适应性一般。
21~40 分，适应性较差。
0~20 分，适应性很弱。

（资料来源：张大均. 大学生心理健康教育［M］. 北京：科学出版社，2007.）

【思考题】

1. 通过今天的活动，你认识了多少同学？他们都有哪些特点？
2. 通过参加本次活动，你有什么样的体验？

### 活动9-2：赢在起跑线（二）——知场之旅

**活动主题**：新生适应新环境。

**活动目的**：帮助新生认识学校环境，使新生了解如何有效学习，学会制定自己的人生目标。

**活动内容：**
（1）熟悉场地。
（2）选择跑道。
（3）准备起跑。

**理论分析：**

大学教育的目的是培养高级专业人才，因而，大学学习具有专业性要求。

首先，大学生入校时就要对自己进行全面的评估和了解。这一评估和了解应该包括以下四个方面：

（1）你是否喜欢现在的学校和专业？
（2）你对这个专业是否有深入的了解？
（3）你的兴趣和能力与所学专业的要求是否匹配？
（4）你认为未来工作中你最看重的方面是什么？

这是对自我进行探索，是确定学习目标的第一步，也是规划职业生涯最重要的一步。

其次，尽快熟悉和适应学校的学习环境，确定学习目标，了解自己所学专业的具体内容和该专业的具体要求，了解该专业的优、劣势及往届毕业生的就业去向等情况，确定自己努力的方向。目前，各高校已经为大学生创造了越来越灵活的学习环境和空间，如何利用学校的各种资源就需要大学生自己掌握了。喜欢自己专业的大学生可以加强专业学习；喜欢其他专业的大学生除了转专业，还可以辅修其他专业的课程，或是考研究生时改专业等。无论做什么选择，都需要明确一件事：任何人所适合的职业或者专业都是一个大体的范围，而不是一个局限的点。因此，很难说一个人只具备某个领域的兴趣和能力。大学生还需要牢牢记住：无论职业选择还是专业选择，都是双向的。双向选择时不能完全凭借自己的兴趣，需要根据具体的情况做必要的妥协，只是妥协的程度不同。大学生要了解自己、所学专业和未来工作的要求，一旦做出选择，就要在一段时间内对自己的选择负责，这是一种成熟的表现，也是应该掌握的技能。

**活动形式：** 讲授法。

**活动过程：**

1. 热身活动：大家谈
（1）你是否喜欢现在的学校和专业？
（2）你对这个专业是否有深入的了解？
（3）你的兴趣和能力与所学专业的要求是否匹配？
（4）你认为未来工作中你最看重的方面是什么？

2. 导入活动
辅导教师说明本次团体活动的目的是帮助大家认识学校环境和掌握学习策略。

3. 卡片分组
按红、黄、蓝、黑颜色分组。

4. 具体方法
（1）熟悉场地。

①辅导教师介绍跑道和场地（学校各方面情况），每一圈的内容和要求。
②大家谈自己对跑道的理解。
（2）选择跑道。
辅导教师引导大学制定自己的近期目标和远期目标，跑圈是为了冲线，冲线以后选择适合自己颜色的大道。
①红色代表政权，要求大学生在校期间注重培养和提高自己的组织管理能力。
②黄色代表经商，要求大学生在校期间注重培养和提高自己的经商头脑。
③蓝色代表漂洋过海、出国留学，要求大学生在校期间注重学习与提高英语水平。
④黑色代表钻研学问，考硕士、博士，要求大学生在校期间注重专业课的学习。
大家谈自己适合什么样的跑道。
（3）准备起跑。
①大家谈自己应该如何做好准备。
②大家分享活动准备工作。
5. 辅导教师总结
辅导教师对整个活动做总结，并给予正面的回馈与鼓励。

# 课后参考与思考

【自我测试】

## 心理适应能力自测问卷

下面的题目能帮助你进行心理适应能力的自我判断。请认真阅读题目，并判断其与你实际情况的符合程度，然后从每个题目后面所附的3种备选答案中选择1个。

（1）每到一个新环境，我总要经过很长一段时间才能适应。
　　A. 是　　　　　　　B. 无法肯定　　　　　　C. 不是
（2）每到一个新地方我很容易同别人接近。
　　A. 是　　　　　　　B. 无法肯定　　　　　　C. 不是
（3）在陌生人面前，我常无话可说，以至于感到尴尬。
　　A. 是　　　　　　　B. 无法肯定　　　　　　C. 不是
（4）我最喜欢学习新知识或新学科，它给我一种新鲜感，能调动我的积极性。
　　A. 是　　　　　　　B. 无法肯定　　　　　　C. 不是
（5）每到一个新地方，我第一天总是睡不好，就是在家里，只要换一张床，有时也会失眠。
　　A. 是　　　　　　　B. 无法肯定　　　　　　C. 不是
（6）不管生活条件有多大变化，我也能很快习惯。

A. 是　　　　　　　　B. 无法肯定　　　　　　　C. 不是

(7) 越是人多的地方，我越感到紧张。
A. 是　　　　　　　　B. 无法肯定　　　　　　　C. 不是

(8) 我的成绩多半不会比平时练习差。
A. 是　　　　　　　　B. 无法肯定　　　　　　　C. 不是

(9) 全班同学都看着我，心都快跳出来了。
A. 是　　　　　　　　B. 无法肯定　　　　　　　C. 不是

(10) 对他（她）有看法，我仍能同他（她）交往。
A. 是　　　　　　　　B. 无法肯定　　　　　　　C. 不是

(11) 我做事情总有些不自在。
A. 是　　　　　　　　B. 无法肯定　　　　　　　C. 不是

(12) 我很少固执己见，常常乐于采纳别人的意见。
A. 是　　　　　　　　B. 无法肯定　　　　　　　C. 不是

(13) 同别人争论时，我常常感到语塞，事后才想起该怎样反驳对方，可惜已经太迟了。
A. 是　　　　　　　　B. 无法肯定　　　　　　　C. 不是

(14) 我对生活条件要求不高，即使生活条件很艰苦，我也能过得很愉快。
A. 是　　　　　　　　B. 无法肯定　　　　　　　C. 不是

(15) 有时自己明明把课文背得滚瓜烂熟，可在课堂上背的时候，还是会出错。
A. 是　　　　　　　　B. 无法肯定　　　　　　　C. 不是

(16) 在决定成败的关键时刻，我虽然很紧张，但总能很快使自己镇定下来。
A. 是　　　　　　　　B. 无法肯定　　　　　　　C. 不是

(17) 我不喜欢的东西，不管怎么学也学不会。
A. 是　　　　　　　　B. 无法肯定　　　　　　　C. 不是

(18) 在嘈杂混乱的环境里，我仍然能集中精力学习，并且效率较高。
A. 是　　　　　　　　B. 无法肯定　　　　　　　C. 不是

(19) 我不喜欢陌生人来家里做客，每逢这种情况我就有意回避。
A. 是　　　　　　　　B. 无法肯定　　　　　　　C. 不是

(20) 我很喜欢参加社交活动，我感到这是交朋友的好机会。
A. 是　　　　　　　　B. 无法肯定　　　　　　　C. 不是

**【评分与评价】**

评分规则如下：

(1) 凡是单号题 [(1)、(3)、(5)、(7)……]，选"是"得 -2 分，选"无法肯定"得 0 分，选"不是"得 2 分。

(2) 凡是双号题 [(2)、(4)、(6)、(8)……]，选"是"得 2 分，选"无法肯定"得 0 分，选"不是"得 -2 分。

（3）将各题的得分相加，即为总分。

得分之和与心理适应能力的关系如下：

35~40分，心理适应能力很强。能很快地适应新的学习、生活环境，与人交往轻松、大方。给人的印象极好，无论进入什么样的环境，都能应对自如。

29~34分，心理适应能力良好。

17~28分，心理适应能力一般。进入一个新的环境，经过一段时间的努力，基本能适应。

6~16分，心理适应能力较差。依赖于较好的学习与生活环境，一旦遇到困难则易怨天尤人，甚至消沉。

5分以下，心理适应能力很差。在各种新环境中，即使经过相当长一段时间的努力，也不一定能够适应，常常感到困惑，因与周围事物格格不入而十分苦恼。在与他人的交往中，总是显得拘谨、羞怯、手足无措。

如果你在这个测试中得分较高，说明你的心理适应能力较强。但是，如果你得分较低，也不必忧心忡忡，因为一个人的心理适应能力是随着年龄的增长、知识经验的丰富而不断增强的。只要你充满信心、刻苦学习、虚心求教、加强锻炼，你的心理适应能力就一定会增强。

（资料来源：张大均．大学生心理健康教育［M］．北京：科学出版社，2007．）

【生命剧场】

编写校园心理剧，主题为新生适应新环境和老生后悔没有珍惜好时光。

1.《木子的困惑》

方法：辅导教师说出故事，由参与活动的大学生即兴表演，然后大家提出帮助木子消除困惑的方法。

演员：木子（女，大一新生）及同宿舍的同学

时间：晚上。

地点：宿舍。

故事：木子对新环境不适应。由于功课跟不上，她在宿舍熬夜学习；由于吃饭不及时，她总是感到胃疼；由于不能容忍舍友的卧谈会，她与舍友闹矛盾、想家。

内容："高中时，我在班里常考第一，现在我再努力也是倒数的；过去吃饭都是妈妈做好等到不热不凉才叫我出来吃，而现在看到食堂那么多人，排了那么长的队，只好等没有人排队我才去买饭，剩下的几乎都是凉了的菜汤，时间久了我得了胃病；看到别的同学都有同伴和好朋友，而我没有朋友，感觉好孤独；本想熬夜学习，可她们不断聊天、说笑，好像故意与我作对，唉！我好想家啊！"

2.《布丁的遗憾》

方法：辅导教师说出故事，由参与活动的大学生即兴表演，然后大家分析布丁产生遗憾

的原因。

演员：布丁（男，大四的学生）
时间：课外活动时。
地点：心理咨询室。
故事：即将毕业的布丁对荒废了四年大学时光感到后悔，对未来职业生涯感到迷茫。
内容："光阴似箭，大学四年一晃就要结束了。同学们有的应聘工作，有的准备考研，有的即将出国，有的准备经商。而我却一无所获，学业一塌糊涂，这都是网瘾惹的祸；和女朋友也分手了，四年的感情白白浪费了。我真是个没用的人，我今后该怎么办啊？"

【思考题】

1. 你的心理适应能力如何？
2. 你对新学校的了解有多少？
3. 你将来准备走什么样的路？

**活动9－3：运筹帷幄——追逐生命的时光**

> 大自然给了每个人同样的时间，
> 但人们使用它的效率却不同。

**活动主题**：时间管理。
**活动目的**：学会规划自己的时间。
**活动内容**：
（1）时间馅饼。
（2）分享馅饼。
（3）时间主人。
**理论分析**：

每个人都是时间的消费者，人们消费时间不是几何中单向的一条射线，而是一个立体的系统。人要生存就要吃饭、睡觉等。人生的不少时间是在学习和工作中消费的，它构成硬性规定的劳动学习日程表。除了学习、工作之外，人还要丰富自己的生活，享受人类创造的精神文化成果，从事娱乐、审美和社交等活动；人类更需要创造和发展，需要在闲暇时间发展自己的专长，更好地从事创造性劳动。

时间就是金钱，而时间对于我们来说，并不是不够用，而是不知道如何有效运用。有效的时间管理能让我们做到事半功倍。因此，把握时间是大学生有效学习的关键。时间管理的原则是把时间用在最有价值或最有助于自己达到目标的事情上。

所以，如何让大学生养成有效运用时间的习惯非常重要。诊断时间消费的具体方法是：至少记录一周的时间使用情况以后，分类合计时间使用的各方面，计算出用于每类活动的时间在总时间中所占的比例，列出清单并依次回答以下问题：

（1）哪些时间用在主要目标上了？原因何在？

(2) 哪些事根本不必做？在记录中占多少时间？

(3) 哪些活动可以再少用些时间？需要采取什么措施？

(4) 别人浪费我的时间了吗？我浪费别人的时间了吗？

上述记录和分析，将帮助大家找到时间浪费的因素，找到最佳的时间消费途径，对管理时间大有裨益。此外，诊断时间消费时会发现，很多时候人们往往是在后悔自己做过的事，尤其是那些自己不满意的、没做好的事情，殊不知这样又在浪费时间。有的大学生会在考试之后，后悔没能充分准备、没有认真念书，结果每次都是恶性循环。

**活动形式**：绘画、讨论法

**活动过程**

1. 热身活动

欣赏歌曲《光阴的故事》（歌词参见"课后参考与思考"）。

2. 分组

按卡片上写的自然界来分组，分为太阳、月亮、星星、银河、宇宙、地球等。

3. 具体活动

（1）时间馅饼。

画时间馅饼图。

辅导教师给每人发一张空白的 A4 纸，请大家在纸上画一个圆，并将圆画成一天 24 小时的作息时间安排（包括睡觉、上课、做作业、娱乐、吃饭、其他等）。

（2）分享馅饼。

①小组讨论时间馅饼图。

②辅导教师询问大家：

a. 哪些时间用在主要目标上了？原因何在？

b. 哪些事根本不必做？占用了你多少时间？

c. 哪些活动可以再少用些时间？需要采取什么措施？

d. 别人浪费我的时间了吗？我浪费别人的时间了吗？

（3）时间主人。

大家一起讨论：

①理想的时间馅饼图应该是怎样的？

②如何合理地使用时间？

时间管理可遵循下列原则：

①设定学习及生活目标，目标应具体并切实可行，然后分清优先次序。

②把不必要的事丢开。

③做事力求完成。

④立即行动，不可等待、拖延。

4. 分享时刻

大家可以自由发言，畅谈感受。

5. 辅导教师总结

辅导教师对整个活动做总结，并给予正面的回馈与鼓励。

# 课后参考与思考

【心灵之歌】

光阴的故事

春天的花开秋天的风以及冬天的落阳
忧郁的青春年少的我曾经无知地这么想
风车在四季轮回的歌里它天天地流转
风花雪月的诗句里我在年年地成长
流水它带走光阴的故事改变了一个人

就在那多愁善感而初次等待的青春
发黄的相片古老的信以及褪色的圣诞卡
年轻时为你写的歌恐怕你早已忘了吧
过去的誓言就像那课本里缤纷的书签
刻画着多少美丽的诗可是终究是一阵烟
流水它带走光阴的故事改变了两个人
就在那多愁善感而初次流泪的青春

遥远的路程昨日的梦以及远去的笑声
再次的见面我们又历经了多少的路程
不再是旧日熟悉的我有着旧日狂热的梦
也不是旧日熟悉的你有着依然的笑容
流水它带走光阴的故事改变了我们
就在那多愁善感而初次回忆的青春

【思考题】

1. 通过今天的活动,你有什么感想?
2. 你今后该如何合理安排自己的学习时间?

### 活动9-4：有效沟通——跨越七彩桥

只有优异的成绩,<br>却不懂得与人交往,<br>是个寂寞的人。

**活动主题**：建立和谐的人际关系要有良好的人际沟通能力。
**活动目的**：单向与双向沟通的比较。
**活动内容**：
（1）沟通有限。
（2）收发信息。
（3）沟通无限。
**理论分析**
良好的人际关系要建立在人际沟通的基础上。人际沟通是一个过程，在此过程中双方交换信息以便能了解彼此的想法、感受与经验。换言之，沟通就是将信息有效地传达给对方，包含语言和非语言两种沟通形式。达成有效的沟通之前必须对沟通系统中的元素有所了解，包括：传送者与接收者、沟通时的背景环境、沟通规则、管道等。

1. 传送者与接收者

在沟通过程中每个人都同时扮演两种角色，即传送者与接收者，传送者是引发沟通的人，将信息以某种形式传达给另一个人或另一群人；而接收者是把对方传来的信息加以处理，以语言或非语言的方式加以反应。然而传送出去的意思与接收到的意思可能会有差异，这也是沟通中需要探讨的。

2. 沟通时的背景环境

背景环境是指沟通发生时的物理及社会心理环境。背景环境的第一层是物理环境；第二层是历史背景，即前面或过去的沟通会影响现在的沟通；第三层则是个体的背景因素及身心状况等。这些都是影响人际沟通的因素。

3. 沟通规则

沟通规则是指互动过程中建立的原则与守则，让个体了解在某种背景或场合下，哪些行为或信息是恰当的，如因不同的情境、场合、对象、文化等，沟通规则亦随之不同。

4. 管道

管道是指信息旅行的路线与传送的方法，有语言和非语言两种沟通形式。非语言的沟通是利用身体的各部分，如利用面部表情、眼神、行为、姿势、手势、声音等达到与他人沟通的目的。而要实现有效沟通，必须学习几项行为：专注行为、积极倾听、同理心、尊重与接纳、真诚、赞美、建设性的批评等，这些有助于有效沟通，也有助于形成良好的人际关系。

影响沟通的因素包括：传送者、信息和接收者。传送者是传递信息的人，接收者是接收信息的人。沟通是否有效受许多因素的影响，回馈是其中之一。

单向沟通就是传送者在传递信息后，因为缺乏回馈，无法确定接收者是如何接收信息和了解信息的。双向沟通则是传送者得到了回馈，比较肯定地知道他所传递出的信息如何被接收者解释。

**活动形式**：游戏活动法。
**活动过程**：

1. 热身活动

同桌两人一组，背对背，分别说一句话，让对方猜说的是什么，体验这种看不到对方的沟通效果。

2. 具体活动

（1）沟通有限。

①准备阶段。

a. 准备两套方块图形组合（A 和 B）。一套较小的是用来给志愿者看的，另一套较大的是用来张贴做回馈的。

b. 给每人发两张白纸，用于绘图。

c. 辅导教师招募两名志愿者甲和乙，所选的志愿者必须吐字清楚、声音洪亮。

②单向沟通阶段。

a. 辅导教师邀请志愿者甲领取图形 A。这个图形不能让其他同学看到。

b. 辅导教师告诉大家："志愿者甲马上要描述一张图形给大家听，大家要仔细听，然后尽可能将所有听到的内容精确地画在纸上。注意不能向志愿者甲提任何问题，不能发出任何声音，也不能看别人或与别人合作，必须独立将图形画完。"

c. 志愿者甲背对大家，开始叙述图形 A。在此过程中志愿者甲只能用语言，不能用手势，叙述要尽量快而准确。大家画完之后，互相比较自己画的图形与其他同学所画图形的差异，再与图形 A 进行比较。

d. 每人看自己的正确率如何。

③双向沟通阶段。

a. 辅导教师邀请志愿者乙领取图形 B。

b. 辅导教师再向大家进行说明："志愿者乙再向你们叙述一组图形组合。这一次他是面向你们的，可以随意回答大家的问题，但他不能用手或其他动作来帮助自己叙述这组图形或回答问题。"

c. 请志愿者乙继续向大家叙述图形 B，此次大家可向志愿者乙发问，他需要回答所有问题，但是仍不可相互交谈、讨论。

d. 大家画完之后，互相比较自己画的图形与其他同学所画图形的差异，再与图形 B 进行比较。

e. 每人看自己的正确率如何。

④讨论阶段。

比较自己画的图形 A 和图形 B 哪个正确率更高。

a. 两次的绘图过程有何不同？哪一次正确率更高？

b. 志愿者甲在指导大家绘图时的感受如何？

c. 沟通中哪些因素让第二次绘图的正确率更高？哪些因素可以促进沟通？哪些因素会妨碍沟通？

d. 说明第一次的情况为单向沟通，第二次的情况为双向沟通，鼓励大家多运用双向沟通以达成良好的沟通效果。

（2）收发信息。

①设计信息。

a. 每人准备一张白纸。
b. 在白纸上设计一幅图，作为信息。
②收发信息。
a. 大家轮流将自己的信息用语言进行描述。
b. 其他人将接收的信息画到本子上。
（3）沟通无限。
①每组派一人上台发布自己的信息，其他人接收信息并画到本子上。
②经过收发信息的练习，每人评估自己接收信息的正确率，是否达到了沟通无限。
3. 分享时刻
大家可以自由发言，畅谈感受。
4. 辅导教师总结
辅导教师对整个活动做总结，并给予正面的回馈与鼓励。

# 课后参考与思考

【自我测试】

从表9-3中选择相应选项，进行自我测试。

表9-3 人际交往类型表

| 测试项目 | 选 | 项 |
| --- | --- | --- |
| 1. 我对同学的帮助是真心实意的，不会背后害人 | 是 | 否 |
| 2. 当我拿不定主意时，就去问同学的意见 | 是 | 否 |
| 3. 我是一个心直口快、性格爽朗的人 | 是 | 否 |
| 4. 我经常批评别人 | 是 | 否 |
| 5. 在同学眼里，我是一个"雪中送炭"的人 | 是 | 否 |
| 6. 我喜欢接受别人的东西，不喜欢送别人东西 | 是 | 否 |
| 7. 我是一个积极进取、对前途乐观的人 | 是 | 否 |
| 8. 我经常觉得自己没有生活目标 | 是 | 否 |
| 9. 同学送礼物给我，我经常会考虑他有什么目的 | 是 | 否 |
| 10. 我尊重同学，相信他们 | 是 | 否 |
| 11. 我喜欢在背后议论他人、打听同学的隐私 | 是 | 否 |
| 12. 别人都说我看起来神采奕奕、精力充沛、自信 | 是 | 否 |
| 13. 我很少和同学说起烦心的事 | 是 | 否 |
| 14. 同学经常向我倾诉心里话 | 是 | 否 |

续表

| 测试项目 | 选 | 项 |
|---|---|---|
| 15. 我答应同学的事，就会尽力办到 | 是 | 否 |
| 16. 有人说我是一个"当面一套，背后一套"的人 | 是 | 否 |

资料来源：张大均. 大学生心理健康教育［M］. 北京：科学出版社，2007.

【评分与评价】

评分规则如下：

1、3、5、7、10、12、14、15 题选"是"得 1 分，选"否"得 0 分。

2、4、6、8、9、11、13、16 题选"是"得 -1 分，选"否"得 0 分。

得分之和与人际交往类型的关系如下：

4 分以上，属于人缘型。

-3 ~ 3 分，属于中间型。

-4 分以下，属于嫌弃型。

【心灵花园】

方块图形组合 A 说明如下：

传送者仔细研究图 9-1。研究完毕，要背对参与者（班级同学或团体成员），告诉他们如何画这个图形。叙述时，不准参与者提出问题或发出声音。

方块图形组合 B 说明如下：

传送者仔细研究图 9-2。研究完毕，要面向参与者（班级同学或团体成员），告诉他们如何画这个图形。此次传送者可回答参与者提出的问题。如果必要，传送者可重复他的描述。

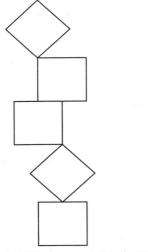

图 9-1　方块图形组合 A（单向沟通）

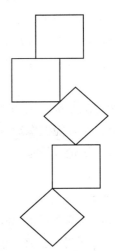

图 9-2　方块图形组合 B（双向沟通）

【思考题】

1. 通过今天的活动，你有什么感想？
2. 你认为应该如何进行有效沟通？

**活动9-5：网络在线——无限精彩世界**

> 网络是把"双刃剑"，
> 关键看你握住的是剑柄还是剑刃。

**活动主题**：正确对待上网。
**活动目的**：学会合理上网。
**活动内容**：
（1）问卷调查。
（2）双刃剑。
（3）分析上网的利与弊。
（4）结合调查问卷讨论。
（5）辅导教师总结。

**理论分析**：

随着信息技术的发展，计算机走进了千家万户。新课程标准的实施，使互联网已成为大学生生活中不可或缺的一部分：互联网具有交互性、虚拟性和学习性，吸引大学生热衷于在互联网上遨游，并乐此不疲。这导致一些大学生的成绩直线下降。引导大学生正确使用互联网，使其增强抵御网上不良诱惑的能力，已经成为教师和家长的重要任务。网络信息丰富，功能强大，而且是一个自由的世界。这很容易使大学生深陷其中、不可自拔，甚至误入歧途。一些大学生在网上遨游的目的不是查找资料，而是玩网络游戏、聊天等。

网络上瘾如同酒精上瘾一样真实，自我控制感的丧失、强烈欲求、社会关系的孤立、婚姻危机、学业障碍、经济破产、失业等，都是网络上瘾的后遗症。换句话说，网络上瘾之所以和烟瘾、酒瘾、毒瘾等相提并论，着眼点在于其社会性，即家庭、朋友、学业和人际关系等的改变。

大学生要建立正确的网络观，加强对网络事件的判断力、适应力和处理能力。只有这样，在网络世界中才能够保护自己，让自己过得更快乐。

**活动形式**：讨论分析法。
**活动过程**：

1. 问卷调查

辅导教师发放调查问卷，调查问卷内容如下：
（1）你上过网吗？若有，请你写出你在网上的主要活动。
（2）你上网聊天吗？你认为这有趣吗？你在网上经常聊什么话题？
（3）你每周花多少时间在网上遨游？

(4) 你上网时的感觉怎样?
(5) 网络对你而言是好处多还是坏处多?为什么?
(6) 如果网络消失,你有何想法?

2. 双刃剑

(1) 辅导教师请大家谈谈网上交友的经历与感受。
(2) 辅导教师引导大家了解网络是把双刃剑。

3. 分析上网的利与弊

辅导教师带领大家分析上网的利与弊,并分别写在表9-4中。

表9-4 上网的利与弊

| 利 | 弊 |
|---|---|
|  |  |

4. 结合调查问卷讨论

讨论怎样合理利用网络资源,避免深陷其中、不可自拔。

5. 辅导教师总结

网络世界是虚拟的,不能让网友知道你的真实情况,要做好自我保护工作。为了自身的身心健康不能长时间在网络世界遨游,同时不能涉足不健康的网站。网络游戏精彩无比,平时不宜玩此类游戏,避免深陷其中、不可自拔,影响正常学习。

# 课后参考与思考

【自我测试】

从表9-5中选择相应选项,测试自己与网络的关系。

表9-5 网络情缘

| 测试项目 | 选项 | | | | |
|---|---|---|---|---|---|
| 1. 花在网上的时间比预期的长 | 1 | 2 | 3 | 4 | 5 |
| 2. 试图减少上网时间却无法做到 | 1 | 2 | 3 | 4 | 5 |
| 3. 因为上网宁愿失去重要的朋友 | 1 | 2 | 3 | 4 | 5 |
| 4. 上网没有明确的目标,但就是不愿停下来 | 1 | 2 | 3 | 4 | 5 |
| 5. 每天早上醒来,想做的第一件事就是上网 | 1 | 2 | 3 | 4 | 5 |

续表

| 测试项目 | 选项 | | | | |
|---|---|---|---|---|---|
| 6. 经常上网而影响功课及成绩 | 1 | 2 | 3 | 4 | 5 |
| 7. 经常放弃需要完成的事情去收邮件 | 1 | 2 | 3 | 4 | 5 |
| 8. 常对亲友掩盖上网的行为 | 1 | 2 | 3 | 4 | 5 |
| 9. 生活中遇到烦恼的事总会避开，转而去回想上网时的愉快经历 | 1 | 2 | 3 | 4 | 5 |
| 10. 只要有一段时间没上网，就会觉得少了什么 | 1 | 2 | 3 | 4 | 5 |
| 11. 没有网络的世界是沉默、空洞、没有生气的 | 1 | 2 | 3 | 4 | 5 |
| 12. 总觉得上网的时间不够 | 1 | 2 | 3 | 4 | 5 |
| 13. 如果有人打扰你上网，你会很不高兴 | 1 | 2 | 3 | 4 | 5 |
| 14. 常常在离线时想网上的事情想得出神 | 1 | 2 | 3 | 4 | 5 |
| 15. 不上网时感到情绪低落，上网后马上精神 | 1 | 2 | 3 | 4 | 5 |

资料来源：张大均. 大学生心理健康教育 [M]. 北京：科学出版社, 2007.

【评分与评价】

评分规则如下：

每题所选择的数字就是该题所得分数，15 道题的分数相加就是总分。

得分之和与网络对自己的影响之间的关系如下：

15~29 分，你是一个正常的网络用户，能够理性控制自己、健康使用网络。

30~59 分，你会因网络产生情绪问题，需重新考虑网络对你的影响，合理使用网络。

60~80 分，网络已经明显占据了你的生活，要想办法积极面对并改善你的上网习惯。

【思考题】

1. 通过本次活动，你有哪些感想？
2. 你能帮助有网瘾的同学学会合理使用网络吗？

**活动 9-6：休闲好时光——休闲广场**

> 不会休息，就不会学习；
> 不会享受，就不会工作。

**活动主题**：正确对待休闲。

**活动目的**：学会合理安排高层次的休闲时间。

**活动内容**：

（1）画休闲馅饼。

（2）分享馅饼。

（3）调整馅饼。

**理论分析**

休闲可以说是在自由支配的时间内、个人主动且自由选择的活动，在活动中去体验、享受活动的乐趣，以达到自我实现。休闲活动具有以下五种功能：

（1）帮助个人放松身心。

（2）帮助个人在工作外获得满足。

（3）帮助个人拓展生活经验。

（4）帮助个人增进个人身心发展。

（5）帮助个人妥善安排时间。

大学生正值生活适应与人格发展的关键时期，不仅身心面临剧烈转变，同时还受社会、家庭、课业、人际关系压力的影响。休闲对青少年的身心健康有正面的影响，如促进身体健康、娱乐、放松、拓展人际关系、建立友谊、自我实现等。而且早期的休闲及参与活动的经验，对大学生日常休闲活动内容的选择有重大影响。若能重视休闲，以调节生活，对大学生的正常发展有极大的帮助作用。因此，学校心理辅导教师应辅导大学生合理安排适合自己的休闲活动。

当代大学生的休闲活动内容丰富、种类繁多、涉及面广。根据大学生休闲活动的基本领域和活动内容的性质，大致可以分为六大类：求知型活动、探索型活动、实践型活动、服务型活动、娱乐型活动、亲和型活动。

大学生安排休闲生活的原则如下：健康高雅、适度适量、经济合理、因人而异。

**活动形式**：讨论分析法。

**活动过程**：

1. 热身活动

辅导教师问："说到休闲，你想到了什么？"每名参与活动的大学生写在纸上，然后分享给大家。

2. 分组

按卡片上写的休闲活动类型分组，包括上网、看电影、打工、喝酒、听音乐、发明、创作等。

3. 具体活动

（1）画休闲馅饼。

先给每人发一张 A4 纸，请大家选定某一天（如星期六），并在纸上画一个圆，代表这一天的 24 小时，请大家想象在这一天中自己是怎样分配生活作息的，并把它画在圆内，休闲馅饼如图 9-3 所示。

（2）分享馅饼。

辅导教师请大家分享自己的作息分配时间，并引导其他人提问或给予反馈。

①在看过其他人的休闲馅饼之后，请大家说说自己的休闲馅饼和其他人有何相似和不同之处？

②休闲活动占了多大比例？你自己满意这样的安排吗？

③在你可支配的时间里，你想要如何安排自己的休闲活动？有何阻碍？如何解决？

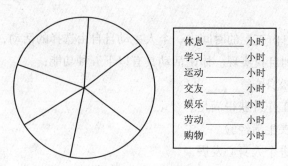

图 9-3 休闲馅饼

（3）调整馅饼
①辅导教师讲授补充休闲的六个水平层次。
②大家根据休闲的六个水平层次，重新调整馅饼的划分。
4. 分享时刻
大家可以自由发言，畅谈感受。
5. 辅导教师总结
引导大家进行高层次的休闲活动。

# 课后参考与思考

【心灵花园】

休闲的六个水平层次如表 9-6 所示。

表 9-6 休闲的六个水平层次

| 层次 | 价值特征 | 描述 |
| --- | --- | --- |
| 第一层次 | 负价值 | 违法行为或不道德行为活动 |
| 第二层次 | 零价值 | 纯官能享受性活动 |
| 第三层次 | 价值为 1 | 被动消极观看活动 |
| 第四层次 | 价值为 2 | 情感投入观看活动 |
| 第五层次 | 价值为 3 | 积极地参与活动本身 |
| 第六层次 | 价值为 4 | 创造性地参与活动 |

资料来源：吴增强. 当代青少年心理辅导 [M]. 上海：上海科学技术文献社，2003.

第一层次是负价值的违法行为或不道德行为活动，如破坏公共财产。为什么要从事这些活动呢？道德原因是一种解释，但生理、心理学上的观点表明，在休闲时间内，人的能量、精力、情绪的动态循环需要既定的载体，一旦选择了不正当渠道，便会发生诸如暴力等单纯为发泄而导致的犯罪行为。

第二层次是零价值的纯官能享受性活动，如酗酒、赌博、长期沉溺于电视和网络等，这种活动不会直接对社会造成危害，但不利于自身的健康发展。

第三层次是价值为 1 的被动消极观看活动，即单纯寻求轻松、刺激、娱乐的活动，如心不在焉地翻阅小说、听音乐等。

第四层次是价值为 2 的情感投入观看活动，在这种活动中，观看者虽然不亲自参与活动，但因为有情感的积极投入，它能发挥净化心灵、陶冶情操的功能。

第五层次是价值为 3 的积极地参与活动本身，如跳舞、乐器演奏等。

第六层次是价值为 4 的创造性地参与活动，如音乐创作、游戏发明等。

## 【自我测试】

### 休闲类型测试

柏拉图说："休闲耕耘了心灵、精神和个性。"你喜欢休闲吗？请仔细阅读表 9-7 中的题目，根据实际情况逐一回答，在选项栏中"是"或"否"上打"√"。

表 9-7 休闲类型测试表

| 测试项目 | 选 | 项 |
|---|---|---|
| 1. 休闲消费需量体裁衣 | 是 | 否 |
| 2. 我感觉休闲生活充实有趣 | 是 | 否 |
| 3. 休闲使我心情愉快、精神焕发 | 是 | 否 |
| 4. 休闲完善了我的人格，使我对生活保持乐观 | 是 | 否 |
| 5. 休闲更多的是一种心态 | 是 | 否 |
| 6. 我每天用于休闲的时间在 1~3 个小时以内 | 是 | 否 |
| 7. 我的休闲方式多种多样，如下棋、运动、看展览、读小说 | 是 | 否 |
| 8. 我对校内各种娱乐活动热情有加，积极参加 | 是 | 否 |
| 9. 课外我会忙于业余爱好，这是我生活的一大乐事 | 是 | 否 |
| 10. 假期我会把一部分时间用来休闲，放松自己 | 是 | 否 |

资料来源：摘自：张大均. 大学生心理健康教育 [M]. 北京：科学出版社，2007.

## 【评分与评价】

评分规则如下：

以上各题，选"是"得 2 分，选"否"得 1 分。

得分之和与休闲类型的关系如下：

17 分以上，你的休闲生活丰富多彩、有情趣。

14~17 分，你是一个比较喜欢休闲的人。然而内心常常充满矛盾，既想放松自己，又怕影响学业。

10~13分，在你的生活中，学习占的比重太大。生活单调乏味、平铺直叙。

**【生命剧场】**

编写校园心理剧，主题为珍惜休闲好时光。

校园情景剧：《休闲好时光》。

编剧、导演：刘嵋老师。

道具：各种颜色的布；角色牌（正反面，阴影部分为反面）6个，其中正反面5个，只有正面1个。

说明：编剧和导演，创造性地参与活动；演员，积极地参与活动本身；观众，情感投入观看活动；旁观者，被动消极观看活动；放弃参与活动者，纯官能享受性活动；违法行为或不道德行为活动。

场景：校园绿荫下。

音乐：《同桌的你》。

一群学生在校园绿荫下分别做着自己的事情：读书、弹吉他、聊天、等人、沉思冥想……

社长：（从台下上场）大家好！

成员1：阳光心理学社社长来了！

成员们：社长好！

社长：告诉大家一个好消息。

成员们：什么好消息？

成员2：是不是又要举办心理讲座了？讲讲如何面对失恋吧，我刚刚失恋，好痛苦啊！

成员3：是不是要放映心理电影？我最喜欢看电影，这次放映什么电影啊？

成员4：是不是要举办新的团体心理辅导？我先报个名！

社长：都不是。我们阳光心理学社下个月要举办我院第二届校园心理剧大赛！

成员5：校园心理剧！太好了，太好了！我就是为了校园心理剧参加的阳光心理学社，终于盼到这一天了。

社长：我们现在开始准备。

成员们：怎么准备？

社长：请大家自己来选择做编剧、导演、演员、观众和旁观者。我们是自编、自导、自演和自赏，将校园里同学们在生活、学习中的人际交往、情绪、情感、焦虑等心理冲突与困惑表现出来，并给以正确的解决方法。

成员5：我们可以当编剧？

成员2：我们可以当导演？

成员6：我们可以当演员？

社长：是的！现在我们分一下工，进行角色选择。

成员5：我当编剧和导演。

成员6：我当演员。

成员7：我当热心观众，我是阳光心理学社成员，我对阳光心理学社有着深厚的感情，我要支持，我要给他们加油！

成员8：我当旁观者，我也可以当观众，但除非班主任组织点名我才去。我总是这样，任何活动都不愿意参加，参加的任何活动也都是被迫的。唉！（无可奈何）

成员9：我是什么活动都不感兴趣，什么活动也不愿意参加。

成员们：那你喜欢什么？

成员9：上网！喝酒！

成员们：啊？

社长：亲爱的同学们，你选择哪个角色呢？请站在他们的后面！

积极参与的同学将有精美礼品赠送。

背景音乐：《溜冰圆舞曲》

社长：通过角色选择，我们可以了解自己和他人的休闲层次水平。

成员们：休闲层次水平？有哪些休闲层次？

社长：有六个层次。

成员5：最高层次，第六层次是创造性地参与活动！

成员2：第五层次是积极地参与活动本身！

成员7：第四层次是情感投入观看活动！

成员8：第三层次是被动消极观看活动！

成员9：第二层次是纯官能享受性活动！

成员5：那最低层次的休闲水平是什么呢？

社长：（举起角色牌"违法行为或不道德行为活动"）

成员9：我要重新选择，我要提高休闲层次水平。

成员8：我也要重新选择。

成员7：我也要认真考虑一下。

社长：太好了！希望在校园心理剧的舞台上能看到你们的身影，听到你们的大名！

背景音乐：马思唯《天生我材必有用》

### 活动9-7：春暖花开——爱情价值观

校园里流行着这样一句话：

"两个人，不求天长地久，只求曾经拥有。"

**活动主题**：正确对待爱情。

**活动目的**：树立正确的爱情价值观。

**活动内容**：

（1）大拍卖。

（2）艰难选择。

（3）辅导教师总结。

**理论分析：**

当今社会年轻人的爱情价值观呈多元化。每个人的价值观并非与生俱来，都会受到社会环境和周围同伴的影响。因此，通过本次活动可以澄清一些人的爱情价值观，引导大学生树立正确的爱情价值观。

**活动形式：** 游戏辩论法。

**活动过程：**

1. 热身活动

（1）欣赏歌曲《对面的女孩看过来》，然后大家听从辅导教师的指示，运用眼神、微笑、击掌等动作和其他人打招呼。

（2）表达观点指数：数字1~10分别代表爱情的指数（从爱情是悲剧到爱情非常美好）。大家根据自己对爱情的理解选择数字并分享心得。

2. 具体活动

（1）大拍卖。

①辅导教师发放爱情价值清单表，说明游戏规则（每人只有100万元，至多可选10个项目，填好后依照项目竞标，每个项目均由价高者获得）。

②拍卖规则。

a. 总资金100万元。

b. 每个项目底价为10万元。

c. 从第一个项目开始，想购买者即可开始喊价，但每次至少加价50万元。

注：每个项目喊价后，报价三次，若无人出更高价，即宣布成交。

（2）艰难选择。

竞标结束后，大家分享为什么要买这个价值观？或说一说在竞标过程中你是什么想法？有没有难以取舍之处？

听过其他人的分享后，大家可以就以下三项举手表决：A. 有一些修正，B. 更坚定自己要哪些爱情价值观，C. 和原来一样。

（3）辅导教师总结。

每个人将来都可能会遇到爱情，借由此次活动正好让我们有机会思考并修正自己的爱情价值观，而这些价值观会随着年纪和环境的不同而有所改变，但只有清楚自己想要追求的是什么，才能知道将来要如何维系与经营爱情。

# 课后参考与思考

【自我测试】

从表9-8中选择相应选项，测试自己对爱情与恋爱的认识。

表 9-8 爱情与恋爱

| 测试项目 | 选 | 项 |
|---|---|---|
| 1. 我爱他（她），他（她）就应该爱我 | 符合 | 不符合 |
| 2. 只要能和对方在一起，我可以抛弃一切 | 符合 | 不符合 |
| 3. 我特别想找个异性安抚我 | 符合 | 不符合 |
| 4. 只求曾经拥有，不求天长地久 | 符合 | 不符合 |
| 5. 爱情是生活的全部 | 符合 | 不符合 |
| 6. 不谈恋爱说明自己没有魅力 | 符合 | 不符合 |
| 7. 人生就是追求快乐，谁给我快乐，我就和谁谈恋爱 | 符合 | 不符合 |
| 8. 恋爱对象多多益善 | 符合 | 不符合 |
| 9. 恋爱是你情我愿的，不需要负什么责任 | 符合 | 不符合 |
| 10. 爱一个人，就要想办法改掉他（她）身上的缺点 | 符合 | 不符合 |
| 11. 对有些人来说，同性恋是正常的 | 符合 | 不符合 |
| 12. 摆脱失恋痛苦的最好办法，是尽快找到另一个恋爱对象 | 符合 | 不符合 |
| 13. 有了男（女）朋友，也可以和别的人私密幽会 | 符合 | 不符合 |

资料来源：张大均. 大学生心理健康教育 [M]. 北京：科学出版社，2007.

**【评分与评价】**

选"符合"得 1 分，选"不符合"得 0 分，将得分相加，得分越高，对爱情和恋爱的认识越偏激。如果得分高于 10 分，则反映了你对爱情的看法可能会影响你的恋爱关系，需要好好反思。

**活动 9-8：花好月圆——爱情金三角**

**活动主题**：完美爱情三角形。

**活动目的**：了解完美爱情三角形。

**活动内容**：

（1）爱情交通灯。

（2）爱情辩论会。

（3）星语心愿。

**理论分析**：

美国耶鲁大学的斯坦伯格教授提出了爱情成分理论，他认为人类的爱情基本上由三种成分所组成。

动机成分：动机有内发的性驱力，也包括异性之间身体容貌等特征彼此吸引；以动机为主的两性关系是亲密的。

情绪成分：由刺激引起的身心激动状态，如喜、怒、哀、惧等；以情绪为主的两性关系是热情的。

认知成分：对情绪和动机是一种控制因素，是爱情中的理智层面；以认知为主的两性关系是承诺的。

**活动形式**：讨论法。

**活动过程**：

1. 热身活动：爱情歌曲联唱

2. 具体活动

（1）爱情交通灯。

①分组：红、黄、蓝三组（红：代表激情，黄：代表承诺，蓝：代表交流）。

②每个小组讨论本组所代表内容的重要性。

（2）爱情辩论会。

辩论内容包括：

①哪个组所代表的内容最重要？

②如果没有本组的内容，会是什么样的爱情？

③列举生活中的事例。

（3）星语心愿。

同学之间互相祝福未来的爱情美好！

3. 分享与总结

师生可以自由发挥。

# 课后参考与思考

【自我测试】

## 爱与喜欢测试

下面是一份由美国心理学家鲁宾所编制的爱与喜欢测试，可以帮助交往中的男女衡量自己对对方的情绪是爱还是喜欢。

作答方式：

（1）请锁定一名你所心仪或正在交往的对象（下列题目以他（她）来表示）。

（2）请依照你个人对题目真实的想法或情感反应作答，以"Y"（Yes）或"N"（No）来表示你是否同意题目中的叙述。

（1）他（她）觉得情绪低落时，我觉得自己有责任让他（她）快乐起来。

（2）在所有的事件上我可以信赖他（她）。

（3）觉得忽略他（她）的过错，是一件很容易的事。

（4）我愿意为他（她）做所有的事情。

（5）我对他（她）有一种占有欲。

(6) 若我不能和他（她）在一起，我会觉得非常不幸。

(7) 假如我感觉孤寂，首先想到的就是去找他（她）。

(8) 在世界上也许我关心许多事，但有一件事就是他（她）是否幸福。

(9) 不管他（她）做什么，我都愿意宽恕他（她）。

(10) 我觉得他（她）的幸福是我的责任。

(11) 当我和他（她）在一起时，我发现我什么事都不做，只是看着他（她）。

(12) 没有他（她）我觉得难以生活下去。

(13) 若我也能让他（她）百分之百信任，我会觉得十分快乐。

(14) 当我和他（她）在一起时，我发现好像两人都有同样的心情。

(15) 我认为他（她）非常好。

(16) 我愿意推荐他（她）去做令人尊敬的事。

(17) 在我看来他（她）特别成熟。

(18) 我对他（她）有高度的信心。

(19) 我觉得不管什么人和他（她）相处，大部分都会留下很好的印象。

(20) 我觉得和他（她）很相似。

(21) 我愿意在班上或团体中做什么事情都投他（她）一票。

(22) 我觉得他（她）是许多人中容易让别人尊敬的一个。

(23) 我认为他（她）是十二万分聪明的。

(24) 我觉得他（她）是我所有认识的人中最讨人喜欢的一个。

(25) 他（她）是我很想学的那种人。

(26) 我觉得他（她）非常容易赢得别人的好感。

【评分与评价】

计分说明如下：

(1) 第（1）～（13）题回答 Y（Yes）的有几题：得出数值 A。

(2) 第（14）～（26）题回答 N（No）的有几题：得出数值 B。

测验解释与分析如下：

(1) 1～13 题代表个人对对方"爱"的情绪或感觉成分的多少。如果计分上你的 A 值越高，代表你对对方的爱意越高。

(2) 第 14～26 题代表个人对对方"喜欢"的情绪或感觉成分的多少。如果在计分上你的 B 值越高，代表你对对方的喜欢越多。

(3) 比较 A 和 B 两个数值。若 A 大于 B 越多，表示你对对方的爱比喜欢的感觉还要强烈；若 B 大于 A 越多，表示你对对方的喜欢比爱的感觉还要强烈。

(4) 若 A 和 B 接近或相同，可能表示你对对方的感觉是比较暧昧或是对对方的爱和喜欢的感觉皆有。

一般说来，爱和喜欢并不容易区分，两者都有一种感觉，是一种关系本质上的差异。

爱在关系上包含关怀（Caring）、依附（Attachment）和信任（Trust）三个重要成分，如占有、施与爱的甜蜜感受等。

喜欢的主要成分则是对对方的好评（Favorability）、尊敬（Respect）及两人有相似性（Similarity）的感受，如好感、崇拜、尊敬，没有牵扯到你为他做什么或独占的感觉。

如果你对测试结果仍有疑问，可以寻求专业咨询机构，以使自己在两性关系中更为健康和快乐。

LOVE 的含义如下：L 代表 Listen，倾听；O 代表 Overlook，宽恕不追究；V 代表 Voice，说出来；E 代表 Effort，努力与付出。

**活动 9-9：电影欣赏——《遗愿清单》分享与讨论**

珍惜当下！生如夏花！——《遗愿清单》

黑人汽车修理工卡特·钱伯斯热爱生活而且知识渊博。一场可怕的疾病让他不得不离开自己的工作和家庭搬入医院接受实验性治疗。亿万富翁爱德华·科尔是一家医疗机构的 CEO，一贯秉承"一间病房两个床位，没有例外"经营理念的他在获悉自己身患重病之后也不得不与其他人一起共用一间病房。两个原本八竿子都打不到一起的分属于两个不同世界的陌生病友住到了一起。虽然身份地位悬殊，但两人却有一个共同点，那就是时日无多。卡特虽非大富大贵，但却拥有深爱他的妻子和家庭。而爱德华虽然富可敌国且时常都有美女相伴，但却缺乏家人的关爱。

卡特上大学时的哲学老师曾经布置过一份作业，在死去之前，把这一生的愿望列成清单。他的清单是：出于善意帮助陌生人；目睹奇迹；开一次野马跑车；大笑到流出眼泪……

坚决拥护和实施这份清单的人是爱德华（由此也折射出了二者完全不同的生活方式，一个平淡多思但有些怯懦，一个雷厉风行），他说服了犹豫的卡特——等死是多么悲惨；钱不是问题，我现在唯一有的东西就是钱——并且加进了自己的愿望：跳伞；刺一个文身；亲吻最美丽的女孩……

于是，一场隆重的旅行开始了。

跳伞，开跑车，文身，看金字塔、泰姬陵，去中国，艳遇……

在金字塔面前，卡特问爱德华两个问题：在你的生命中有没有快乐？你这一生，有没有给他人带去快乐？

爱德华讲了他跟女儿的故事，他霸道的所作所为，让女儿至今都无法谅解他。他说：我做过的事，并不是每一件都让我问心无愧，但要是再来一次，我肯定还会那么做。所以，如果因为女儿的恨让我没办法进天堂，那好吧，事情都这样了，我认了。

他们的清单里的愿望就这样一件一件地被完成了，完成一项，就删除一项。

卡特病情恶化，他终于说服爱德华去跟自己的女儿和解，而爱德华见到了女儿，还意外地见到了外孙女，他亲吻了他的外孙女——世界上最美丽的女孩。

爱德华主持卡特的葬礼，他哽咽地说，人生真的很奇妙，三个月前我们是陌生人，我们一起度过了卡特人生最后的时光,那是我最好的时光。说着删除了"出于善意帮助陌生人"一项,眼中带着泪光。

不久,爱德华去世。他的助手汤姆把他们的骨灰埋在里喜马拉雅山,并且删除了"目睹奇迹"那一项。

# 第十章 珍爱生命——大学生生命教育心理辅导

**学习目标**

- ➤ 探索生命的意义，培养尊重生命的态度。
- ➤ 珍爱每个生命的价值，热爱生活。
- ➤ 了解生命与死亡教育对个人成长和发展的重要意义。

## 第一节 生命教育心理辅导概述

人生是个有始有终的过程。每个人都无法决定生命的长度，但可以掌握生命的宽度，即实现生命的意义，活出精彩，体现价值。因此，对大学生进行生命教育心理辅导是非常重要的。

### 一、生命教育心理辅导

生命教育心理辅导对大学生心理健康教育起到越来越重要的作用。

#### （一）生命教育心理辅导

生命教育主要辅导大学生体验与构建生命的意义，使其尊重生命、热爱生命。同时，辅导大学生认识自我、建立自尊与自信、反省与确立人生观及价值观、提升对人的关怀、增进大学生人际互动能力也是生命教育的目标。从生命教育的目标、实施内容与实施方式来看，生命教育需要通过许多催化技术才能达到效果，而且要重视大学生自己的思考、判断能力，促进大学生的自我发展。

#### （二）生命教育心理辅导的意义

人生的意义、目的何在？人的价值与功能为何？人为什么要活着？生与死有何差别？一连串对人生的疑问和困惑自古以来就长期存在。存在主义论者认为人生并非空无；相反，人生存在就是最大的意义所在。存在主义认为人生有以下六大命题：

1. 自我有觉察的能力

人可以自省和做决定，因为每个人都具有觉察的能力，能觉察自己。

2. 自由与责任并存

人生是自由的，但并不是逃避或为所欲为，自由与责任相随。

### 3. 独特性与群集性并有

人生的存在就是独一无二的独特性,但人在保有自己的独特性时,还需与他人及自然界来往。

### 4. 追求人生的意义

人生有寻求人生意义与目的的自然倾向,同时也在寻求个人的完整性。不过人生的意义不在于人本身,而在于追求过程,是个人发展与创造出来的。

### 5. 焦虑是人生的一部分

只要是人就不可避免焦虑,但它可以刺激成长,也是体验和重建人生的信号,所以我们要面对、忍受和接纳焦虑。

### 6. 死亡与不存在的觉察

人有生即有死,死亡是不能避免的。也因为人会死亡、消失,人生才有价值,所以积极面对死亡,会使人生变得丰富,体验人生的有限,就是人生意义的所在。

由此看来,人生并无固定模式与答案,人生是一种历程,所以要去觉察、去尝试、去体验,毕竟人生是有限的。生、老、病、死是人生不可避免的现象,积极面对死亡,才不至于使自己深陷对死亡的恐惧与迷思之中,人性上只想拥有不愿失去。如同阿德勒《自卑与超越》一书中的观念一般,适度的自卑可刺激人努力向上,生命有限性的压力,也可刺激人们创造存在的意义。

## 二、生命教育心理辅导的目标和内容

生命教育心理辅导的具体目标和内容。

### (一)生命教育心理辅导的目标

广义的生命教育心理辅导的目标与任务体现在生理、心理、灵性三个层面,具体表现在以下几点:

#### 1. 培养大学生珍爱生命

让大学生在整个教育过程中都能够体会身为人类的意义与价值,重视生死大事,珍爱自己,保护生命,了解生命的来之不易,也体验生命成长的艰辛与苦难,认真生活,散发生命的光和热,获得做人的尊严。

#### 2. 促进大学生规划发展生涯

让大学生在体会人性、获得尊严之后,能够更进一步构建生命前景,从个人的"自我""休闲""人际"等层面,设定明确的努力方向,并使之发扬光大,绘就亮丽人生。

#### 3. 促进大学生自我实现

让大学生学习适时构建自己的理想,并努力使现实与理想相吻合,完成自我实现。在生命成长与发展的过程中,能够累增无数的"理想与现实吻合"的自我实现。

### (二)生命教育心理辅导的内容

生命教育心理辅导的内容涉及以下四个方面:

（1）指导大学生认识生命的意义，进而尊重生命、热爱生命。
（2）增进大学生对人的关怀，丰富生命的内涵，提高生命价值。
（3）帮助大学生检视自己的生命历程。
（4）教育大学生尊重自己和他人，关怀社会。

生命教育的内容如图10-1所示。

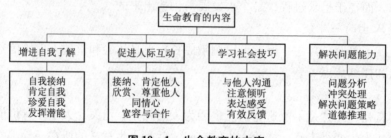

**图10-1　生命教育的内容**

## 第二节　生命教育心理辅导活动

### 一、生命教育心理辅导活动设计大纲

生命教育心理辅导涉及大学生对大自然的敬仰、感悟人生、珍爱生命等内容。我们将这些活动设计出大纲，在教学中可以结合理论部分的有关内容及大学生的具体情况有选择地进行活动。生命教育心理辅导活动设计大纲见表10-1。

**表10-1　生命教育心理辅导活动设计大纲**

| 次序 | 单元名称 | 单元目标 | 主要活动内容 | 时间/分钟 |
|---|---|---|---|---|
| 1 | 沧海一粟 | 帮助大学生感悟生命存在的意义；<br>帮助大学生检视自己的生命历程；<br>帮助大学生顿悟生命的可贵 | 树与人 | 100 |
| 2 | 意外人生 | 帮助大学生感悟生命存在的意义；<br>促使大学生珍惜现在拥有的生命和健全的感官 | 盲人打棒球 | 100 |
| 3 | 万物之灵 | 帮助大学生感悟生命经验的意义；<br>促使大学生认识生命的价值，树立正确的人生观；<br>促进大学生发展身、心、灵整合的健全人格 | 生命线 | 100 |
| 4 | 生命之旅 | 通过分析自己的名字与亲人的联结，给自己的名字赋予意义；<br>促使大学生探索人生目标，激励自己实现人生远大目标 | 生命符号的旋律 | 100 |
| 5 | 珍爱生命 | 帮助大学生学会倾诉自己的烦恼，学会分担与关爱；<br>辅导大学生注意呵护自己的生命，学会坚强 | 生命玻璃杯 | 100 |

续表

| 次序 | 单元名称 | 单元目标 | 主要活动内容 | 时间/分钟 |
|---|---|---|---|---|
| 6 | 和谐宇宙 | 帮助大学生感悟人与自然的和谐；<br>辅导大学生学会尊重自己和他人，关怀社会 | 外星人看地球 | 100 |
| 7 | 电影欣赏 | 借助影片内容引发新的思考；<br>观后共同分享心得 | 《生命之树》<br>分享与讨论 | 100 |

## 二、生命教育心理辅导活动实施

下面活动 10-1 至 10-7 是本章每次辅导活动的实施案例及具体应用过程。

**活动 10-1：沧海一粟——树与人**

神秘的命运，知晓每一粒尘埃的一生。让我们讲述我们的故事，犹如一粒微尘。

——鲁米

**活动主题**：生命存在的意义。
**活动目的**：体验人生的短暂。
**活动内容**：
（1）参天大树。
（2）树与人的对话。
（3）分享时刻。
**理论分析**：
生命教育在生理与身体层面的教育目标，主要是促进大学生个人生理与身体的成长和发展，增进身体健康；学习对物质适度的感受与期待，减少对物质的沉迷，以使有限的人生不至于过度耗费在追逐个人感官的享受与物欲的满足上；能投注精力在心理与身体层面的成长与发展上，以发展更具独特性与社会性的生命意义，提升生命价值。
**活动形式**：绘画法。
**活动材料**：纸、彩笔。
**活动过程**：
1. 热身活动
自然界中都有哪些种类的树？你喜欢哪种树？
2. 分组
按树的种类分组（如杨树组、松树组、白桦树组、柳树组和苹果树组等）。
3. 发展活动
（1）参天大树。
大家画出自己喜欢的大树，想象它有多少岁，经历了多少风风雨雨，饱受了多少世间沧桑，具有哪些价值？自己和它相比，有怎样的感觉？

（2）树与人的对话。

大家与自己画的树进行一次心灵的对话，并将对话写在树的下方。

（3）分享时刻。

①小组分享与讨论。

②全班分享与讨论。

4. 辅导教师总结

辅导教师结合大家的"作品"进行总结。

**活动 10-2：意外人生——盲人打棒球**

人生好比戏剧，社会好比舞台；今宵有我演出，务必使台下掌声如雷。

生命的意义就在活着的这段时间，活得有声有色，活得快乐幸福，这才是生命的可贵与光辉。

**主题**：珍惜现在拥有的生命和健全的感官。

**活动目的**：

（1）体验盲人的不方便之处。

（2）了解并珍惜自己的生命。

**活动内容**：

（1）盲人打棒球。

（2）自我竞赛。

（3）分享时刻。

**理论分析**：

在心理层面，生命教育的目标与任务，主要在于协助个人发展建立有效的人际与人群关系的技巧，以产生有意义的人际沟通与人际交往，以及发展积极正向的自我和自我认同。终极目标是协助个人寻求自我实现的生活。

**活动形式**：游戏活动法。

**活动过程**：

1. 热身活动

大家坐在自己的座位上放松闭目一分钟，试试能听到几种声音。

引起动机：大家知道什么是盲人棒球吗？盲人真能打棒球吗？他们一出生就双目失明，完全没有视觉概念，日常生活中走路都得靠手杖小心翼翼地走，连快速走路都不敢，怎么可能会跑甚至打棒球呢？（允许大家发言）

2. 具体活动

（1）盲人打棒球。

辅导教师说明：盲人打棒球与明眼人打棒球有所不同，他们用听觉来代替视觉，用的球也比一般棒球大，会发出"哗哗哗"的声音，投球手通常由明眼人担任，而且和打击手同一队，他们必须培养默契投出好球，让视障球员击中，用的垒包也会发出声响，现场的观众禁止发出声音,以免影响盲人棒球员根据声音判断方位。但是,一旦有人击打出去,在场任何一个人都会莫名感动,那是一种心灵上的快乐,很难形容。我们今天不是要打棒球,而是要让大家来体会一下,眼睛看不到时内心的感觉是什么样的,以及可能带来的不方便。

具体规则如下:

①首先,将桌椅挪到一旁,中间尽量留出大空间。

②每组排成一直排,每组8人,共4组。

③组员蒙上眼睛,走向前,同组的同学指挥被蒙眼睛者,经同组同学的指挥,拿到棒球后,便返回出发点,并将其放置水桶内。

④然后,换下一位同学带上眼罩,往前拿取棒球,如此直到8人都做完为止。

⑤教师示范。

(2) 自我竞赛。

进行小组自我竞赛的测验,测量每个小组合作完成的时间,以组内团队合作为原则,不进行组对组的比赛。

每组进行组内小组会议,彼此沟通协调如何以最短时间达成目标。

(3) 分享时刻。

①你觉得盲人在生活上有何不方便?

②如同盲人在生活上有许多不便之处,你生命中也会遇到挫折。一旦遇到挫折,你的心里有何感受?该如何克服?

③如何珍惜自己才能有健康的身体?

3. 辅导教师总结

生命过程中总会有波折,对盲人来说,他们看不到世界景物,存在着很多不便;对你们来说,生命中肯定也会遇到一些挫折,你们是逃避还是面对?同时,是不是更应该珍惜自己的亲朋好友呢?

**活动10-3:万物之灵——生命线**

生命不一定是直线,它可以是放射线、双曲线等,甚至可以是个圆,只是需要你主动塑造,完成属于你自己的圆。只要有生命,未来就有希望,只要活下去,必定就有力量。

**活动主题**:生命存在的意义

**活动目的**

通过描绘自己的生命线,引导大学生思考自己的人生轨迹和生命的意义与价值,反思自己的目标和追求,并最终提升自己的生命价值。

**活动内容**

(1) 60年后的相聚。

(2) 生命线。

(3) 分享时刻。

**理论分析**

人类的生命具有三层意义，即生物层面的基本意义、社会层面的社会意义以及个体层面的独特意义。个体独特的生命意义包括了其独特意义与社会意义。然而，人类作为万物之灵，大脑功能非其他动物所能及。也因此造就了人类的行为不尽然受到本能的约束，而有个人自由意志的选择性行为。这也是人类生命的价值所在。人类可以自己选择如何度过一生，使生命的意义得以摆脱完全受制于本能。

**活动形式**：绘画法。

**活动材料**：纸、彩笔。

**活动过程**：

1. 60 年后的相聚

预测 60 年以后大家相聚的情景。

2. 生命线

操作方法：在纸上画一条线，在右侧标出箭头，这一条线代表你的生命线，起点代表你出生的时间，在终点写出你预测的死亡年龄，然后找出自己现在所处的位置。回忆过去发生在你生活中的事情，并将它们按时间顺序在生命线上列出来，根据感受，愉快的可以放在线条上方，不愉快的可以放在线条下方；再想象未来想要做的事情及可能发生的事情，仍然按可能愉快或不愉快的感受放在线条的上下方。完成之后仔细看看你的生命线，它就是你的心灵地图。

3. 分享时刻

（1）面对生命线你想到了什么？

（2）这些给了你什么启示？

**活动 10－4：生命之旅——生命符号的旋律**

每个人都有自己的名字，它陪伴我们度过一生。父母给我们起名字时，一般都有某些期待，即使现在不明确，随着年龄的增长，我们也能赋予自己名字某种寓意，以激励我们更好的发展。

**活动主题**：名字的期待与意义。

**活动目的**：

（1）通过分析自己的名字与亲人的联结，给自己的名字赋予意义。

（2）促使大学生探索人生目标，激励自己实现人生远大目标。

**活动内容**：

（1）起名人对你的期待。

（2）赋予意义。

（3）分享时刻

**活动形式**：游戏活动法。

**活动过程**：

1. 起名人对你的期待

回顾是谁给你起的名字，名字有什么寓意，起名人对你有什么期待。

2. 赋予意义

在你成长的过程中,你给自己的名字赋予了什么意义?

大家将自己的左手掌画在纸上,然后在左手上完成以下内容:

(1) 在手掌心写名字。

(2) 在中指上写起名人。

(3) 在食指上写起名人对你的期待。

(4) 在大拇指上写在成长的过程中你给自己的名字赋予的意义。

(5) 在无名指上写自己的笔名。

(6) 在小拇指上写自己的小名。

3. 分享时刻

(1) 与周围的同学互相介绍自己的名字。

(2) 全班分享。

4. 辅导教师总结

辅导教师对整个活动做总结,并给予正面的回馈。

**活动10-5:珍爱生命——生命玻璃杯**

生命犹如玻璃杯,精心呵护不易碎;

生命犹如玻璃杯,能盛蜜水和泪水;

生命犹如玻璃杯,透明如水有言以对。

那静悄悄的玻璃杯,可盛满我们的心扉,

启迪我们勇敢地把生命面对。

**活动主题**:珍爱生命存在的意义。

**活动目的**:了解生命的脆弱与坚强。

**活动内容**:

(1) 生命玻璃杯。

(2) 生命之河。

(3) 小挑战,大帮手。

**理论分析**:

生命的特征有以下四点:

1. 生命的不可逆性

从胚胎起,生命便一直生长、发育,直至衰亡。它绝不会倒行逆施、返老还童。

2. 生命的不可再生性

生命,对任何人来说都只有一次。世间常说"人死不得复生",便道出了这个真理。

3. 生命的不可换性

生命为个体所私有,相互不能交换,彼此不可替代。

4. 生命的有限性

人的生命有限性表现在三个方面:第一,生命存在时间的有限性,人的自然寿命一般七八十岁,最多百十来岁;第二,生命的无常性,表现在生老病死、旦夕祸福等不可预测,任何人都逃脱不了死亡,任何人必然走向死亡;第三,个体生命不能离群索居,不食人间烟火,每个人都需要别人的帮助、支持和关怀。正是生命的有限性才促使人努力思考、发奋创造、积极生活,以实现自己生命的意义。

**活动形式**:绘画法。

**活动材料**:纸、彩笔。

**活动过程**:

1. 生命玻璃杯

大家画一个玻璃杯,在玻璃杯里面写上自己的烦恼,即一滴泪水,不署名。(背景音乐:钢琴曲《秋日私语》)

2. 生命之河

(1)辅导教师将所有的玻璃杯收上来。

(2)辅导教师将玻璃杯"大洗牌",然后发下去。每人得到一个别人的玻璃杯。

(3)以邻座为小组,分享并解答每个玻璃杯中的烦恼。

3. 小挑战、大帮手

(1)每个小组选派一名同学上台,介绍本组得到的玻璃杯中的烦恼及解决方法。

(2)针对普遍烦恼,其他组的同学再说出他们的解决方法,体现小挑战、大帮手的用意。

# 课后参考与思考

【自我测试】

从表10-2中选择相应选项,进行面对生活的态度测试。

表10-2 面对生活的态度

| 测试项目 | 选 | 项 |
| --- | --- | --- |
| 1. 我对未来充满希望和热情 | 符合 | 不符合 |
| 2. 当事情变糟时,我知道不会一直这样 | 符合 | 不符合 |
| 3. 我不能想象在今后的十年中,我的生活会是什么样子 | 符合 | 不符合 |
| 4. 我预料我最关心的事情能够成功 | 符合 | 不符合 |
| 5. 我运气不佳,也不相信会有好运 | 符合 | 不符合 |
| 6. 我过去的经历已经为我的将来打下了良好的基础 | 符合 | 不符合 |
| 7. 当我展望未来时,我预想会比现在幸福 | 符合 | 不符合 |

续表

| 测试项目 | 选 | 项 |
|---|---|---|
| 8. 我从未得到我所想得到的东西 | 符合 | 不符合 |
| 9. 将来我不可能获得真正满意的生活 | 符合 | 不符合 |
| 10. 对我来说，前途渺茫，捉摸不定 | 符合 | 不符合 |
| 11. 我想，将来好的时候会多于坏的时候 | 符合 | 不符合 |
| 12. 追求自己想要的东西是徒劳的，因为很少有可能得到它 | 符合 | 不符合 |
| 13. 我对我的职业发展有一个规划，并不断调整它 | 符合 | 不符合 |
| 14. 我对大学期间的学习和生活有个大体计划 | 符合 | 不符合 |

资料来源：《中国心理卫生评定手册》。

【评分与评价】

评分规则如下：

3、5、8、9、10、12 选"符合"得 1 分，选"不符合"得 0 分。

1、2、4、6、7、11、13、14 选"符合"得 0 分，选"不符合"得 1 分。

得分之和与面对生活的态度的关系如下：

6 分以下，表明你对生活充满希望和信心。

7~12 分，表明你对生活有轻度无望感。

13~20 分，表明你对生活有重度无望感，甚至有自杀倾向，建议立即寻求心理援助。

### 活动 10-6：和谐宇宙——外星人看地球

> 珍惜一花一物的人，往往能见山是山，
> 更能感应"山外有山"的广大世界。

**活动主题**：生命存在的意义，保护地球、人类和生命。

**活动目的**

(1) 培养尊重他人、关怀社会、增进团队合作的意识。

(2) 促进人类与自然的和谐发展。

**理论分析：**

环境教育理论：就时空而言，从现今的环境保护延伸到关切我们下一代的生活环境，进而追求永续的发展；对自然的价值观则由人类中心的利我想法，转化为欣赏自然，接受万物存在本身的价值。

在心理层面的生命教育，主要目标与任务是促进个人人生观的建立与提升，减少现代人虚无感的产生。这个过程必须以协助个人发现自我生命存在的意义为起点，而以领悟人与自然之间关系的意义为终点。领悟人与自然或宇宙之间的关系，也就是中国哲学家所说的领悟"天人合一"的道理。

**活动形式**：游戏讨论法。
**活动过程**：
1. 热身活动

今天你要买张通向哪个星球的宇宙飞船票？

2. 分组

按星球分组（如水星组、木星组、火星组、金星组、土星组等）。

3. 发展活动

（1）各小组起组名（发挥想象力和创造力）。
（2）发现地球上存在哪些问题，列举出来。
（3）讨论应采取哪些措施解决地球上存在的问题。
（4）全班分享。
（5）每个小组派一名代表将组名写在黑板上，看看哪个组的组名新颖、有创意。
（6）每个小组派另一名代表上台介绍本组的情况。
（7）即兴发言。

4. 辅导教师总结

辅导教师对整个活动做总结，引导大家感受和谐地球。

### 活动10-7：电影欣赏——《生命之树》分享与讨论

> 生与爱之树。——《生命之树》

《生命之树》是一部关于"宇宙、生命、家庭"的电影，是一部有深度、有广度、有厚度的电影。《生命之树》从父子亲情、家庭伦理直接上升为生命起源、存在与虚无哲理分析，再加上出自导演马力克之手，这就不仅仅是一部电影，更是一部电影诗、哲学诗。

将一部电影拍成一首诗，或者说将一首诗拍成一部电影，这是马力克的招牌，也是属于他的电影气质。电影中的每个栅格、每个镜头都可以拿来做壁纸，美丽恬静得让人心醉，这点从电影海报中就可以看出导演的自信。阳光、向日葵、海洋、树木、大地之美被马力克诗意化的镜头展示得淋漓尽致。

正是生命之树的枝丫伸展的地方，我们看到无从探源的光芒、广阔的星云、移动的星辰；成形前的星球、太阳和月亮被黑风暴所阻挡，给予生命能量的一道道闪电；汩汩地流动着的原始湖泊、史前植物、动物，缓缓舞蹈的水母、双髻鲨，栖身河岸的恐龙，一个胎儿的眼睛，以及最重要的——初生的孩子。

# 第十一章 尊重生命——大学生生涯规划心理辅导

**学习目标**

- 学会规划人生,认识自我。
- 了解职业,树立正确的择业动机。
- 理智选择,迈好人生第一步,走向成功。

## 第一节 生涯规划心理辅导概述

大学生要了解生涯规划及生涯规划心理辅导,首先,需要了解与生涯有关的一些概念及理论;其次,应充分认识生涯规划具有的重要意义;最后,还要明确生涯规划心理辅导的目的和内容。

### 一、什么是生涯规则心理辅导

#### (一)生涯与职业生涯

1. 什么是生涯

人的生命有两个端点:出生与死亡。简单来说生涯就是过一辈子,美国学者舒伯认为:"生涯就是终其一生,不同时期不同角色的组合。"

2. 生涯的特征

(1)终身性。生涯发展是一生中连续不断的过程,是需要终身学习、终身发展的。

(2)独特性。生涯是个人依据其人生规划与人生目标,为自我实现而开展的独特的生命历程。不同的个体具有不同的生涯历程。

(3)发展性。生涯是动态变化与发展着的。不同发展阶段有着不同的生涯规划与生涯发展任务。

(4)综合性。生涯以个体发展为中心,包含了各个层面的社会角色。

3. 职业生涯

在人的一生中,职业生涯占据了较大比重。职业生涯伴随着人的成长,伴随着人的心理发展。

## （二）生涯规划

生涯就是生活，生涯就是每日点点滴滴的累积。由于每个人的生活环境、志向与知识背景不同，对生活的理解也不同。但是，如何使自己的生活多姿多彩、使人生具有意义，是萦绕在每个人心头的一项重要人生任务。在寻求生活意义的过程中，每个人都会进行有关自己的生涯规划，矢志不渝地朝着人生目标迸发。

1. 生涯规划的含义

生涯规划是指个人在生涯发展历程中，对自身各种特质或职业与教育环境资料进行探索，掌握环境资源，以逐渐发展个人的生涯认同，并建立生涯目标；在面对各种生涯选择事件时，针对各种生涯资料和机会进行生涯评估，以形成生涯选择；进而以择其所爱、爱其选择的心情，投注其生涯选择，承担生涯角色，以获取生涯适应与自我实现。

2. 生涯规划的内容

生涯规划包括两个层次的问题：一个是生涯角色间和生涯形态的规划；另一个是生涯角色内和生涯目标的问题。第一个层次的生涯形态问题，是在时间和空间的维度下，如何来组合各种角色；第二个层次的生涯目标问题，是在各个角色中，要追求哪些职务或实现哪些目标。生涯规划的这两个问题并不是独立的，而是相互联系的，通过对这两个问题的思考和规划，能够寻求满足生涯需求、实现人生价值的途径。

## （三）生涯心理辅导的含义

生涯心理辅导是指依据一套有系统的辅导计划，通过辅导人员的协助，引导个人探究、评判并整合运用有关知识、经验而开展的活动。这些知识、经验包括以下四点：

（1）对自我的了解。

（2）对职业及其他有关影响因素（如工作者的态度和训练等）的了解。

（3）对价值观及休闲活动对个人生活的影响与重要性的了解。

（4）对生涯规划和生涯决定中必须考虑的各种因素的了解。

# 二、生涯规划的有关理论

生涯规划的理论有很多，这里只介绍两种主要理论：舒伯的生涯发展理论和霍兰德的类型论。

## （一）舒伯的生涯发展理论

舒伯把职业生涯的发展看成是一个持续渐进的过程，一直伴随着一个人的一生。其主要理论观点包括以下内容：

1. 自我概念

自我概念是舒伯生涯发展理论中的核心概念。自我概念是指个人对自己的兴趣、能力、价值观及人格特征等方面的认识。一个人的自我概念在青春期以前就开始形成，至青春期较为明朗，并于成人期由自我概念转化为职业生涯概念。工作与生活满意与否，就在于个人能否在工作和生活中找到展现自我的机会。用舒伯的话说，"职业生涯就是对自我的实践。"

2. 生涯发展阶段

舒伯认为人的职业生涯发展分为五个阶段。

第一阶段：成长阶段（14～15岁）

个人开始辨认他们周围的事物，并逐渐意识到自己的兴趣所在以及和职业相关的一些最基本的技能。他们这个阶段的发展任务是发展自我形象和培养对工作世界的正确态度，并了解工作的意义。

第二阶段：探索阶段（15～24岁）

个人开始尝试做一些自己感兴趣的职业活动，对自我能力、角色及职业进行探索。职业倾向趋向于某些特定的领域。

第三阶段：建立阶段（25～44岁）

个人开始尝试选择适合自己的职业领域。这个阶段的发展任务是个人致力于工作上的稳定，大部分人都处于最具创造力的时期。

第四阶段：维持阶段（45～64岁）

个人通过不断努力来获得职业生涯的发展和成就，并逐渐在自己的领域中占有一席之地。这一阶段的发展任务是维持既有的成就与地位。

第五阶段：衰退阶段（65岁以上）

个人生理及心理机能日益衰退，职业角色的分量逐渐减少，开始考虑退休并享受自己的晚年生活。

3. 职业循环发展理论

舒伯在后期提出在一个人一生的职业发展过程中，职业发展的五个阶段（成长阶段、探索阶段、建立阶段、维持阶段、衰退阶段）是一个循环再循环的过程。

职业发展的五个阶段并不完全和年龄相关，而且各个阶段之间并不存在严格的界限，可能有交叉，在人生的不同时期，都可以经历由这五个阶段构成的一个"小循环"。职业生涯发展是一个循环往复的过程。

## （二）霍兰德的类型论

霍兰德根据多年实践与研究，提出他的研究假设。

1. 霍兰德理论基本观点

职业选择是人格的一种表现，工作兴趣类型即人格类型。大多数人的人格特质可以归纳为六种类型：实用型、研究型、艺术型、社会型、企业型、事务型。工作环境也可以分为与人格类型分类一致的六种类型。由于同一职业吸引有相似人格特质的人，他们对情境和问题会有类似的反应，因此，工作环境也可以分为与人格类型分类一致的六种类型。

2. 职业兴趣测试

霍兰德认为个人的兴趣类型即是人格类型，可以通过职业兴趣测试了解个人的兴趣类型。

#### 3. 职业环境

霍兰德认为一种职业环境就是一种职业氛围,这种职业氛围是由具有类似人格特质的人所创造出来的特定环境,具有特定的价值观念、态度倾向和行为模式。因此,霍兰德将工作环境也分为六种类型,其名称及性质与人格类型的分类一致。人们都尽量寻找那些能运用自己的技术、体现自己的价值和扮演令自己愉快的角色的职业。一个特定职业场所的工作氛围可以通过对其工作人员的工作、训练类型或职业偏好进行分类而获得。

一个人如果知道自己的人格类型和职业类型,就可以预测自己的职业选择、工作变换、职业成就和教育及社会行为。个人的工作满意度、职业稳定性和职业成就感取决于个人人格类型和职业环境之间的适配度。

#### 4. 六种类型之间的关系

霍兰德提出六角形模型来解释六种兴趣类型之间的关系。六角形模型可以帮助我们对人格特质类型与职业环境类型之间的适配度进行评估。如果人格类型与职业环境匹配,就有可能增加职业满意度,带来职业成就感和提高职业稳定性。因此,占主导地位的特质类型可以为个人选择职业和工作环境提供方向。

这些特征可归纳为六种类型,职业类型也可相对分成此六种类型,见表11-1。

表 11-1　人格类型与职业环境

| 类型 | 人格特质 | 典型职业 |
| --- | --- | --- |
| 实用型<br>(R) | 此类型的人具有顺从、坦率、谦虚、自然、情绪稳定、实际、有礼、害羞、稳健、节俭、不善交际等特征,其行为表现是:<br>(1) 喜爱实用性质的职业或情境,避免社会型的职业或情境。<br>(2) 以具体实用的能力解决工作及其他方面的问题。<br>(3) 喜欢需要体力、具体实在的工作,较缺乏人际关系方面的能力。<br>(4) 重视具体事物或个人明确的特性,如金钱、权力、地位等 | 工人<br>农夫<br>机械操作员<br>汽车维修员 |
| 研究型<br>(I) | 此类型的人具有分析、谨慎、批评、好奇、独立、聪明、内向、有条理、谦逊、精确、理性、保守等特征,其行为表现是:<br>(1) 喜爱具有研究性质的职业或情境,避免企业型的职业或情境。<br>(2) 以研究方面的能力解决工作及其他方面的问题。<br>(3) 自觉好学,有自信,拥有数学和科学方面的能力,喜欢符号、概念及与文字有关的工作,但缺乏领导才能。<br>(4) 重视科学 | 工程师<br>化学家<br>数学家<br>生物学家<br>物理学家 |
| 艺术型<br>(A) | 此类型的人具有复杂、想象、冲动、独立、直觉、情绪化、理想化、不顺从、有创意、不重实际等特征,其行为表现是:<br>(1) 喜爱艺术性质的职业或情境,避免传统型的职业或情境。<br>(2) 以艺术方面的能力解决工作及其他方面的问题。<br>(3) 拥有艺术与音乐方面的能力,喜欢借由文字、动作、声音、色彩来传达美、思想及感受。<br>(4) 重视审美的特质 | 诗人<br>小说家<br>音乐家<br>作曲家<br>演员<br>设计师 |

续表

| 类型 | 人格特质 | 典型职业 |
|---|---|---|
| 社会型（S） | 此类型的人具有合作、友善、慷慨、助人、仁慈、负责、善社交、善解人意、体贴、温暖、令人信服等特征，其行为表现是：<br>（1）喜爱社会性质的职业或情境，避免实用型的职业或情境。<br>（2）以社交方面的能力解决工作及其他方面的问题。<br>（3）喜欢从事与帮助他人有关的工作，缺乏机械和科研能力。<br>（4）重视社会与伦理的活动和问题 | 教师<br>辅导人员<br>社会工作者<br>咨询人员<br>公关人员 |
| 企业型（E） | 此类型的人具有冒险、有野心、冲动、武断、乐观、自信、精力充沛、外向、引人注意等特征，其行为表现是：<br>（1）喜爱企业性质的职业或情境，避免研究型的职业或情境。<br>（2）以企业方面的能力解决工作及其他方面的问题。<br>（3）喜欢销售、督导、策划、领导等方面的工作及活动，缺乏科研能力。<br>（4）重视政治与经济上的成就 | 推销员<br>经理<br>政治家<br>企业家<br>业务人员<br>法官<br>律师 |
| 传统型（C） | 此类型的人具有顺从、谨慎、保守、服从、规律、实际、稳重、有效率、缺乏想象力等特征，其行为表现是：<br>（1）喜爱传统性质的职业或情境，避免艺术型的职业或情境。<br>（2）以传统方面的能力解决工作及其他方面的问题。<br>（3）喜欢从事资料处理、文书和计算方面的工作。<br>（4）重视商业和经济上的成就 | 出纳<br>会计<br>银行人员<br>税务专家<br>行政助理<br>办公室人员<br>图书馆管理员<br>投资分析员 |

## 三、生涯发展需求分析

根据以上生涯规划理论的介绍，可知生涯规划具有三个基本要素：自我了解、了解环境和决策技术。而现在的一般教育系统并未提供此类资料或机会来帮助大学生进行生涯方面的试探，因此大学生往往会不知所措，常见的困扰大学生的原因可分为三种。

### （一）对自己的探索不足

因为大学生对自己的认识不够，所以常常会在面临选择时感到彷徨，不知道自己的兴趣和人格特质等所在，更不知道自己的价值观是什么。只有清楚了解自己的各方面，才能在选择时更有把握。

### （二）对外在信息的掌握不足

大学生由于长期处于学校环境中，对实际的工作情境缺乏充分了解，只能抱着一份理想或憧憬投入职场，也因此容易上当受骗，产生失望等负面情绪。

## （三）对决策技术的认识不够

大学生在以往的教育中能自己独立做决定的机会并不多，因此在面对多项选择时，便不知如何反应。

基于上述的需求分析，我们设计了此辅导方案。希望对大学生的生涯探索、对自我的了解和外在世界的了解，或是生涯抉择，都能提供一些帮助。

## 四、生涯心理辅导的目标和内容

在生涯心理辅导中，需要设定一定的目标，制定相关的内容。

### （一）生涯心理辅导的目标

（1）引导大学生树立正确的劳动观、职业观和择业观。
（2）帮助大学生从身边的职业开始，逐步深入社会，了解本地区各类学校和各类职业的相关情况。
（3）帮助大学生了解自己（包括兴趣、能力、个性），引导大学生扬长避短，提高其素质，发掘其潜力。
（4）帮助大学生提高升学和就业的决策能力。

### （二）生涯心理辅导的内容

1. 了解职业

包括了解职业、专业和社会。主要介绍职业的分类，介绍本学校的专业内容及与未来职业的关系，帮助大学生研究职业内容和收集职业资料。

2. 了解自己

帮助大学生了解自己的职业能力、兴趣、个性等心理特点和自身的生理特点。

3. 生涯探索

树立正确的职业观和择业观，帮助大学生了解职业的内涵和职业在人生中的重要意义。同时，要教育大学生正确对待社会分工和职业差别，树立正确的职业理想，能根据社会需要和自身条件选择专业或职业。

4. 合理选择

帮助大学生根据自己的身心特点和职业要求，发现自己的长处，找出自己的不足，在选择职业的过程中能扬长避短，选择适合自身特点的专业或职业。同时，帮助大学生找到自己未来的职业道路，通过理性分析和自身努力，实现自己的职业理想；辅导大学生掌握求职择业的技巧。

# 第二节 生涯规划心理辅导活动

## 一、生涯规划心理辅导活动设计大纲

生涯规划心理辅导涉及大学生了解职业世界、自我探索和进行生涯规划等内容。我们将这些活动设计出大纲,在教学中可以结合理论部分的有关内容及学生的具体情况有选择地进行活动。生涯规划心理辅导活动设计大纲见表 11-2。

表 11-2 生涯规划心理辅导活动设计大纲

| 次序 | 单元名称 | 单元目标 | 主要活动内容 | 时间/分钟 |
| --- | --- | --- | --- | --- |
| 1 | 在同一片蓝天下 | 认识职业和职业特点;<br>了解职业的意义与重要性,增强职业意识 | 职业万花筒 | 100 |
| 2 | 天生我材必有用<br>(一) | 引导大学生进行自我探索;<br>能认识自己的个人特质和潜在能力 | 欢乐岛 | 100 |
| 3 | 天生我材必有用<br>(二) | 认识个人价值观;<br>让大学生了解价值观对生涯的影响 | 拍卖你的生涯 | 100 |
| 4 | 我的未来不是梦 | 检查、了解自己的生涯阶段及不同阶段的内容;<br>预测自己未来的生涯;<br>引导大学生发现生涯发展的因果关系,并对自己的生涯负责 | 我的生涯列车 | 100 |
| 5 | 美丽新世界 | 了解面试是求职的重要环节;<br>通过模拟面试,让大学生掌握面试的方法和技巧 | 人人头上都有一片蓝天 | 100 |
| 6 | 电影欣赏 | 感悟地球生命与人类生命的关系;<br>感悟自然与人类生命的关系;<br>感悟人类生命的意义 | 《当幸福来敲门》分享与讨论 | |

## 二、生涯规划心理辅导活动实施

下面活动 11-1 至 11-6 是本章每次辅导活动的实施案例及具体应用过程。

**活动 11-1:在同一片蓝天下——职业万花筒**

**活动主题**:三百六十行,行行出状元。

**活动目的**：了解职业分类，认识社会中的各行各业。
**活动内容**：
（1）歌曲大联唱。
（2）职业推理王——职业猜谜。
（3）分享时刻。
**理论分析**：

世界上职业种类繁多，随着新兴产业的发展，又出现了新的职业类型。这对大学生来说，犹如雾里看花。因此，大学生在选择专业或职业的时候，往往赶时髦，选择热门职业，而没有根据自身情况来选择。其实每个人都有自己较独特的特质和能力，而这些特质和能力与未来职业选择是有很大关联的。大学生若能了解自己的特质并运用这些特质，将有助于自己在未来的生涯中走得更顺利。

**活动形式**：游戏活动法。
**活动过程**：

1. 歌曲大联唱

（1）唱各种职业歌曲，如歌颂教师、工人、军人等的歌曲。

（2）导入新课：俗话说"三百六十行，行行出状元"。随着新兴产业的发展，已经出现了"三百六十一、三百六十二行"。现在通过活动来了解这些行业的特性，同时也看一看哪些行业适合你。

2. 职业推理王——职业猜谜

活动规则：每个职业给出两个提示，这两个提示是与这个职业有关的。给出一个提示就猜出答案的小组加两分，给出两个提示猜出答案的小组则加一分。每组只能抢答一次，猜错则换其他组，都猜不出时，就继续给出提示。

题目参考如下：

（1）不辞劳苦—大街小巷—绿衣天使——邮差
（2）热气腾腾—烟雾弥漫—水深火热——消防人员
（3）博古通今—春风化雨—无私园丁——老师
（4）争先恐后—口齿清晰—独家新闻——记者
（5）抬头挺胸—出生入死—投笔从戎——军人
（6）如法炮制—垂涎三尺—山珍海味——厨师
（7）体态轻盈—摇曳生姿—手舞足蹈——舞蹈家
（8）字字珠玑—思如涌泉—妙笔生花——作家
（9）千变万化—未卜先知—谈天论地——气象播报员
（10）任劳任怨—堆积如山—一尘不染——清洁工
（11）妙手回春—救死扶伤—现代华佗——医生
（12）百发百中—一针见血—白衣天使——护士
（13）独具慧眼—五颜六色—惟妙惟肖——画家
（14）除暴安良—明察秋毫—人民护卫——警察

（15）无中生有—尘土飞扬—万丈高楼平地起——建筑工人

（16）斤斤计较—锱铢必较—年关报税——会计师

（17）活灵活现—入戏三分—最佳角色——演员

（18）轻歌曼舞—黄莺出谷—余音绕梁——歌星

（19）秀色可餐—身材修长—流行前线——模特儿

（20）一日千里—纵横千里—轻车熟路——司机

3. 分享时刻

（1）根据职业猜谜的方式，写出自己未来最想从事的两种职业。

（2）辅导教师总结。

# 课后参考与思考

【自我测试】

根据表11-3的内容进行职业选择测试，其中A表示符合，B表示难以回答，C表示不符合。

表11-3 职业选择自测表

| 测试项目 | 选 项 | | |
| --- | --- | --- | --- |
| 1. 我很清楚自己的兴趣爱好 | A | B | C |
| 2. 我一直在问自己：我追求的到底是什么 | A | B | C |
| 3. 我不断探索自己的内在潜能 | A | B | C |
| 4. 我了解自己的个性气质和特征 | A | B | C |
| 5. 我认为职业没有好坏之分，只有适合与不适合的区别 | A | B | C |
| 6. 职业选择是毕业时才面临的事情，现在不用着急 | A | B | C |
| 7. 除了金钱之外，我选择职业还有别的原因 | A | B | C |
| 8. 教育与职业之间是一一对应的关系 | A | B | C |
| 9. 我比较关注社会上各种职业的情况 | A | B | C |
| 10. 干哪一行不好说，现在只管读书就行了 | A | B | C |
| 11. 我已经确定了自己的职业理想 | A | B | C |
| 12. 我有意地为将来想从事的职业做各方面的准备 | A | B | C |
| 13. 我对我的职业发展有一个规划，并不断调整它 | A | B | C |
| 14. 我对大学期间的学习和生活有个大体计划 | A | B | C |

资料来源：张大均. 大学生心理健康教育［M］. 北京：科学出版社，2007.

**【评分与评价】**

评分规则如下：

6、8、10题如果选A则得1分，选B得2分，选C得3分；其他题如果选A则得3分，选B得2分，选C得1分。

把14道题的得分相加，就能得到你的职业测试的总分。

得分之和与职业选择的关系如下：

如果你的总分远高于28分，说明你对自己和自己将来想要从事的职业正在做选择和各方面的准备；若远低于28分，则说明你还没有慎重考虑过你的职业问题。

**活动11-2：天生我材必有用（一）——欢乐岛**

**活动主题**：天生我材必有用。
**活动目的**：了解职业兴趣。
**活动内容**：
（1）心中的桃花源。
（2）欢乐岛。
（3）分享与总结。
**理论分析**：

职业咨询专家认为，职业兴趣与从事的职业相吻合是最理想的情况，一个人如果能根据自己的爱好去选择职业生涯，他的主动性将会得到充分发挥。即使十分疲倦和辛劳，也总是兴致勃勃、心情愉快；即使困难重重，也绝不灰心丧气，而是想尽各种办法，百折不挠地去克服它，甚至废寝忘食、如醉如痴。爱迪生就是个很好的例子，他几乎每天都在实验室里辛苦工作十几个小时，在那里吃饭、睡觉，但丝毫不以为苦，"我一生中从未间断过一天工作"，爱迪生宣称，"我每天其乐无穷"。

因此，在选择长期、稳定的职业生涯时，不仅要知道自己有能力从事什么样的工作，更重要的是知道自己对哪类工作感兴趣。只有将能力和兴趣结合起来考虑，才更有可能规划好职业生涯并取得职业生涯的成功。

**活动形式**：游戏活动法。
**活动过程**：

1. 热身活动

辅导教师说明：在社会中存在各种职业，这些职业被一位学者分成六种类型。这堂课就是要让大家了解这六种类型，要认识这六种类型，必须要大家相互帮忙才能完成任务。

2. 分组

拼图分组。分别写有C、I、E、S、A、R字母的六张纸，分为六种颜色，分割成与每个小组人数相同数量的小卡片，发给每人一张小卡片，在同一时间内，大家开始找自己的同类及拼图。

3. 具体过程

（1）心中的桃花源。

以下是六种不同形态的岛屿特色，请大家仔细聆听，然后做出选择。

**A 岛**

美丽浪漫的岛屿。岛上充满了美术馆、音乐厅，弥漫着浓厚的艺术文化气息。同时，当地的原住民还保留了传统的舞蹈、音乐与绘画，许多文艺界的朋友都喜欢来这里寻找灵感。

**S 岛**

温暖友善的岛屿。岛上居民个性温和、十分友善、乐于助人，社区均自成一个密切互动的服务网络，人们互助合作、重视教育、弦歌不辍，充满人文气息。

**E 岛**

显赫富庶的岛屿。岛上的居民热情豪爽，善于企业经营和贸易；岛上的经济高度发展，处处是高级饭店、俱乐部、高尔夫球场；来往者多是企业家、经理人、政治家、律师等，衣香鬓影，夜夜笙歌。

**C 岛**

现代井然的岛屿。岛上建筑十分现代化，是进步的都市形态，以完善的户政管理、地政管理和金融管理见长。岛民个性冷静保守，处事有条不紊，善于组织规划。

**R 岛**

自然原始的岛屿。岛上保留有热带的原始植物，自然生态保护甚佳，也有相当规模的动物园、植物园和水族馆。岛上居民以手工艺见长，自己种植花果蔬菜、修缮房屋、打造器物、制作工具。

**I 岛**

深思冥想的岛屿。岛上人迹较少，建筑物多偏处一隅，绿野平畴，适合夜观星象。岛上有多处天文馆、科学馆及科学图书馆等。岛上的居民喜好沉思、追求真知，喜欢和来自各地的哲学家、科学家、心理学家等交换心得。

（2）欢乐岛。

①寻找属于自己的欢乐岛——了解自己的职业趋向。

②飞到适合自己的岛屿——了解自己的人格特质和适合从事的职业。

3. 分享与总结

师生可以自由发挥。

# 课后参考与思考

【自我测试】

下面有 60 道题目，如果你认为有符合自己情况的选项，便在相应的序号上画圈，反之便不必做记号。答题时不需要做反复思考。

（1）我喜欢自己动手做一些具体的，能直接看到效果的活。

（2）我喜欢弄清楚有关做一件事情的具体要求，以明确如何去做。

（3）我认为追求的目标应该尽量高些，这样才可能在实践中多获得成功。
（4）我很看重人与人之间的友情。
（5）我常常想寻找独特的方式来表现自己的创造力。
（6）我喜欢阅读比较理性的书籍。
（7）我喜欢把生活与工作场所布置得朴实些、实用些。
（8）在开始做一件事情以前，我喜欢有条不紊地做好所有准备工作。
（9）我善于带动他人、影响他人。
（10）为了帮助他人，我愿意做些自我牺牲。
（11）当我进入创造性工作时，我会忘却一切。
（12）在我找到解决困难的办法之前，通常我不会罢手。
（13）我喜欢直截了当，不喜欢说话婉转。
（14）我比较善于注意和检查细节。
（15）我乐于在所从事的工作中承担主要责任。
（16）在解决个人问题时，我喜欢找他人商量。
（17）我的情绪容易激动。
（18）一接触到有关新发明、新发现的信息，我就会感到兴奋。
（19）我喜欢在户外工作与活动。
（20）我喜欢有秩序、干净整洁的房间。
（21）每当我要做重要的决定之前，总觉得异常兴奋。
（22）当别人叙述个人烦恼时，我能做一个很好的倾听者。
（23）我喜欢观赏艺术展和好的戏剧与电影。
（24）我喜欢先研究所有的细节，然后再做出合乎逻辑的决定。
（25）我认为手工操作和体力劳动永远不会过时。
（26）我不大喜欢由我一个人负责做重大决定的事。
（27）我善于和能为我提供好处的人交往。
（28）我善于调节他人之间的矛盾。
（29）我喜欢别致的着装，喜欢新颖的色彩与风格。
（30）我对大自然的各种奥秘充满好奇。
（31）我不怕干体力活，通常还知道如何巧干。
（32）在做决定时，我喜欢保险系数比较高的方案，不喜欢冒险。
（33）我喜欢竞争与挑战。
（34）我喜欢与人交往，以丰富自己的阅历。
（35）我善于用自己的工作来体现自己的情感。
（36）在动手做一件事情之前，我喜欢先在大脑中仔细思索几遍。
（37）我不喜欢购买现成的物品，希望能购买材料自己做。
（38）只要我按照规则做了，心里就会踏实。
（39）只要成果大，我愿意冒险。

(40）我通常能比较敏感地觉察到他人的需求。
(41）音乐、绘画、文字，任何优美的东西都特别容易给我带来好心情。
(42）我把受教育看成是不断提高自我的过程。
(43）我喜欢把东西拆开，然后再使之复原。
(44）我喜欢每一分钟都花得有名堂。
(45）我喜欢启动一项项工作，而具体的细节让其他人去负责。
(46）我喜欢帮助他人，提高他人的学习能力。
(47）我很善于想象。
(48）有时候我能独坐很长时间来思考或做一件难对付的事情。
(49）我不怎么在乎干活时弄脏自己。
(50）只要能仔细地、完整地做完一件事情，我就感到十分满足。
(51）我喜欢在团体中担当主角。
(52）如果我与他人有了矛盾，我喜欢采取平和的方式加以解决。
(53）我对环境布置比较讲究，哪怕是一般的色彩、图案，我都希望能赏心悦目。
(54）哪怕我明知结果会与我的期盼相悖，我也要探究到底。
(55）我很看重健壮的、灵活的身体。
(56）如果我说了我来干，我就会把这件事情彻底干好。
(57）我喜欢谈判，喜欢讨价还价。
(58）人们喜欢向我倾诉他们的烦恼。
(59）我喜欢尝试有创意的新主意。
(60）凡事我都喜欢问一个"为什么"。

【评分与评价】

在表11-4中，将每一列画圈的数量加起来填在最下一行，哪一列数量多，便倾向于这种类型。

表11-4 分值表

| R | C | E | S | A | I |
|---|---|---|---|---|---|
| (1) | (2) | (3) | (4) | (5) | (6) |
| (7) | (8) | (9) | (10) | (11) | (12) |
| (13) | (14) | (15) | (16) | (17) | (18) |
| (19) | (20) | (21) | (22) | (23) | (24) |
| (25) | (26) | (27) | (28) | (29) | (30) |
| (31) | (32) | (33) | (34) | (35) | (36) |
| (37) | (38) | (39) | (40) | (41) | (42) |
| (43) | (44) | (45) | (46) | (47) | (48) |
| (49) | (50) | (51) | (52) | (53) | (54) |

续表

| (55) | (56) | (57) | (58) | (59) | (60) |
| --- | --- | --- | --- | --- | --- |
|  |  |  |  |  |  |

（资料来源：张大均. 大学生心理健康教育［M］. 北京：科学出版社，2007.）

### 活动 11-3：天生我材必有用（二）——拍卖你的生涯

**活动主题**：职业价值的选择。

**活动目的**：了解自己的职业价值。

**活动内容**：

（1）生涯大拍卖。

（2）讨论时光。

（3）分享与总结。

**理论分析**：

"职业"一词由"职"和"业"构成。"职"是指职位、职责，"业"是指行业、事业。不同的人对"职业"有不同的看法。综合分析，"职业"具有三个方面的价值。

1. 维持生存

通过自己的劳动而获得报酬，使自己成为自食其力的劳动者。

2. 发展自己

职业不仅可以使个人获得报酬，维持生存，重要的是通过职业表现自己、发展自己。职业活动充分体现个人的天赋、经验、智力、才干、体力、外貌等品质，个人把这些品质寄于自己的工作中，表现自己独特的个性和魅力。一定的职业，使个人在某一方面的才干得以提高，积累了这方面的经验，发展了自己的智力，施展了自己的才华，也使身体得到锻炼。

3. 贡献社会

人们通过职业活动，履行个人对社会的义务，担当自己在这个社会中的角色，一方面可以满足人们自身生活需要和心理需要，另一方面构成了社会分工劳动体系的一部分。这种职业活动客观上帮助了社会上的其他成员，对社会做出了贡献，社会也通过劳动者的职业活动，促进了自身的文化发展。

本次活动主要有角色扮演和价值辨析两种心理辅导方法，通过价值澄清，让大学生自我反省，对自己的行为负责任，从而澄清自己的价值观。

**活动形式**：角色扮演和价值辨析法。

**活动过程**：

1. 生涯大拍卖

（1）发给每人一张纸，上面打印以下内容：

①豪宅。

②巨富。

③一张取之不尽、用之不竭的信用卡。

④美貌贤惠的妻子或英俊博学的丈夫。

⑤一门精湛的技艺。

⑥一个小岛。

⑦一座宏伟的图书馆。

⑧长命百岁。

⑨一份价值50万美元并每年可获得25%纯利收入的股票。

⑩和家人共度周末。

（2）象征性地发给每人1 000元钱，代表自己一生的时间和精力。

（3）将10项人生的美事和优良品质逐一进行拍卖，参加游戏的人可以用自己手中的积蓄购买这些可能性。100元起价，欢迎竞价。

（4）当主持人连喊三遍同一价格，无人再出高价的时候，锤子就会落下，这项生涯就属于你了。

2. 讨论时光

（1）你为什么要用全场最高价得到此样东西？你现在后悔了吗？为什么？

（2）有的人什么都没有买，为什么？

（3）在拍卖过程中，你有什么感受？

（4）假如现在已经是生命的终点，你是否后悔刚才你所争取的东西？而这样东西是否是你最想要的？

（5）金钱是否就会带来幸福和欢乐？有没有一些东西比金钱更重要？

3. 分享与总结

师生可以自由发挥。

# 课后参考与思考

【自我测试】

根据表11－5的内容进行职业思考测试，其中A表示符合，B表示难以回答，C表示不符合。

表11－5　职业思考测试表

| 测试项目 | 选　　项 | | |
| --- | --- | --- | --- |
| 1. 我从来就没有关注过就业信息 | A | B | C |
| 2. 只要自己能干，不了解个人信息也没什么 | A | B | C |
| 3. 求职简历越厚越好 | A | B | C |
| 4. 简历上不要写明求职意向，这样选择的范围更大 | A | B | C |
| 5. 求职信不是特别重要，不必花费太多精力 | A | B | C |

续表

| 测试项目 | 选 | 项 | |
|---|---|---|---|
| 6. 复制很多份简历撒大网求职就可以了 | A | B | C |
| 7. 不管什么求职方式都去试试看 | A | B | C |
| 8. 面试的时候，衣着合适即可 | A | B | C |
| 9. 在面试官面前，语言要表现得非常积极 | A | B | C |
| 10. 面试后的感谢信没有必要 | A | B | C |

资料来源：冯函秋. 大学生职业发展与就业指导［M］. 北京：科学出版社，2008.

【评分与评价】

评分规则如下：

选 A 得 1 分，选 B 得 2 分，选 C 得 3 分。把 10 道题的得分相加，就得到你的职业思考的总分。

得分之和与职业思考的关系如下：

如果你的总分远高于 20 分，说明你对求职就业正在做各方面的准备；若远低于 20 分，则说明你对求职就业方面的问题还比较迷茫。

**活动 11-4：我的未来不是梦——我的生涯列车**

**活动主题**：学习生涯规划。

**活动目的**：帮助大学生更好认识自己，做好生涯规划。

**活动内容**：

（1）角色扮演。

（2）我的生涯列车。

（3）分享时刻。

**理论分析**：

每个大学生都面临升学和就业的选择。选择继续升学的大学生，也同样面临对专业和职业的选择。这个话题对于他们来说既崭新又陌生，尽管对于将来，他们有过种种设想，但是真正能审视自己的过去、现在和未来，以及把握人生目标和努力方向的大学生并不多见。虽然这个时期的大学生各方面还不够成熟，但决定自己一生将从事什么职业、走哪条道路的关键时刻，往往就在这个时期。如果大学生对升学、就业缺乏必要的心理准备和有效的目标设计，不仅会影响身心健康，还会影响以后的生活和发展。

**活动形式**：绘画法。

**活动材料**：纸、彩笔。

**活动过程**：

1. 热身活动

播放歌曲：张雨生《我的未来不是梦》。

2. 卡片分组

分为儿童组、少年组、青年组、中年组、老年组。

3. 活动过程

（1）角色扮演。

每个组根据自己组的年龄段，共同导演适合本组年龄段的生活、学习与工作的小品。

（2）我的生涯列车。

每个人设计自己的生涯列车，车厢的节数、长短、形状等都由自己设定，每节车厢按年龄段连贯排列。生涯列车如图 11-1 所示。

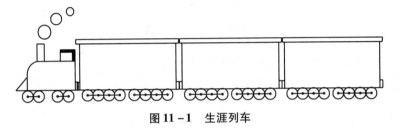

图 11-1 生涯列车

（3）分享时刻

师生互相分享感受。

# 课后参考与思考

【心灵之歌】

## 我的未来不是梦

你是不是像我在太阳下低头
流着汗水默默辛苦地工作
你是不是像我就算受了冷漠
也不放弃自己想要的生活

你是不是像我整天忙着追求
追求一种意想不到的温柔
你是不是像我曾经茫然失措
一次一次徘徊在十字街头

因为我不在乎
别人怎么说
我从来没有忘记我

对自己的承诺
对爱的执着
我知道我的未来不是梦
我认真地过每一分钟
我的未来不是梦
我的心跟着希望在动
我的未来不是梦
我认真地过每一分钟
我的未来不是梦
我的心跟着希望在动

**活动11-5：美丽新世界——人人头上都有一片蓝天**

**活动主题**：模拟面试。
**活动目的**：了解面试时应注意的事项。
**活动内容**：
（1）面试准备。
（2）模拟面试。
（3）分享时刻。
**理论分析**：
面试是求职能力和技巧的重要部分。它是一个有备而来的过程，是人与人直接交流的过程。面试成功与否与留给考官的第一印象有关，也与面试时回答问题的态度有关。本次活动可让大家查阅面试的准则，拜访面试通过的求职者，以了解面试的技巧及注意事项。
**活动方式**：角色扮演。
**活动过程**：

1. 面试准备
（1）大家交流面试的原则、注意事项、技巧和成功的求职案例。
（2）辅导教师进行适当的补充。
面试前的准备如下：
（1）注重看你在简历上提供的信息，避免前后矛盾。
（2）经常留意热门话题。
（3）面试前一晚早点休息，充足的睡眠能令你精神焕发、信心倍增。
（4）设想面试时面试官可能会提出的问题，准备具体的答案。
面试时所需的文件如下：
（1）身份证、照片、有关证书、推荐信、求职信、简历等，也要准备上述文件的复印件，并妥善地放在文件夹或公文袋内，给对方留下一个有条不紊的印象。
（2）与申请的工作有关的个人作品，如文章、设计稿、计划书，以表现自己的才能及相关工作经验。

（3）招聘广告的剪报或副本，以便翻阅职位所要求的资历、工作范围、提供的待遇等。

（4）预先搜集有关公司或申请职位的资料，以便在等候面试或测试时翻阅。

（5）招聘方一般要求求职者在面试前再次填写申请表，所以最好带一份自己的简历，以便将资料正确地抄录于申请表内。

（6）其他，如文具、零钱、梳子、镜子、纸巾、化妆品等。

求职者应具有时间观念，做法如下：

（1）守时是很重要的。

（2）谨记面试的时间和地点，比约定的时间提前15分钟到达面试地点，让自己有充足的时间平复紧张的情绪，准备面试。

（3）及早计划行程，避免交通堵塞或任何阻滞带来的延误影响你的情绪及面试官对你的印象。

面试时的表现如下：

（1）仪容。

第一印象是非常重要的，衣着要整洁，头发要梳理好，指甲要干净；衣着应符合所申请的职位及工作性质。例如，申请文职工作的男士最好穿衬衫西裤，戴领带；女士可穿西裙并略化淡妆。穿一套舒适合身的衣服，不用每次都购买新的服饰，只要不过旧便可；在进入面试室前，最好先自我检查一下。

男士若是需要穿西装面试，应穿颜色较深的，如黑、灰黑、深蓝等颜色的西装，给人稳重、成熟、专业的感觉；皮鞋要擦亮，鞋带要绑紧；领带的款式要配合所应聘的行业或公司的性质和工作需要。例如，应聘会计或律师等，应选深色、浅色或图案简单的领带；应聘广告或设计方面的工作，则可以选一些图案特别、款式及颜色新颖的领带，以突显个性。

女士穿套装应端庄得体，也可穿长裙、长裤，款式及颜色则根据工作性质及公司而定；剪裁以简单为主，颜色不宜过分鲜艳夸张；丝袜以淡色或接近肤色为主，不宜穿有花纹的款式，以免给人轻浮的感觉；化妆宜清淡自然，不应浓妆艳抹；首饰以简单、适量为佳；应避免穿太薄、紧身、性感的衣服；切忌使用过浓的香水，如有需要，可选用清淡的味道；避免穿鞋跟太高或太窄的鞋。

（2）基本礼仪。

一般不应由亲友陪同面试，避免给人不成熟的感觉；不要紧张，保持自信和自然的笑容，一方面有助于放松心情，令面试的气氛变得更融洽愉快；另一方面，可令面试官认为你充满自信，能应对压力。

（3）面试前。

面试前应先道明来意，告知接待员你是来应聘的，以便接待员做出安排；应对所有职员保持礼貌，将来他们可能成为你的同事；进房前先敲门，和面试官打招呼，礼貌地询问是否需要关门。

（4）握手。

无须主动跟面试官握手，应先观察对方的动作，再做反应。握手的力度要适中，不宜用力太大或太小，若你是手汗较多的人，也无须尴尬或害怕与人握手，可在进入面试室前尽量抹去手上的汗，并告知对方。

（5）面试时。

谈话时要与面试官有适量的眼神接触，并点头做回应，给面试官留下诚恳、认真的印象；点头不可太急，否则会给人不耐烦及想插嘴的感觉；切忌谈话时东张西望，否则会表现出对应聘职位或公司欠缺诚意。

（6）身体语言。

待面试官邀请时再礼貌地坐下，坐的时候要保持身体笔直；留意自己的身体语言，要大方得体；跷腿、左摇右摆、双臂交叠胸前、斜靠椅背、单手或双手托腮都不适宜；切忌有小动作，因为会给人留下坏印象及显示出自己不够自信，如男士应避免时常把弄衣衫、领带及将手插进裤袋内等动作，女士则不宜经常拨弄头发；避免把弄手指或圆珠笔、频托眼镜及说话时用手掩口等动作。

（7）面试结束。

离去时，向面试官道谢并说声再见。

2. 模拟面试

让大家熟悉模拟面试的题目并组成模拟面试团队和面试官。

模拟面试题目如下：

（1）我们为什么要聘用你？

（测试你的沉静与自信）给出一个简短、有礼貌的回答："我能做好我要做的事情""我相信自己，我想得到这份工作"。

（2）为什么你想到这里来工作？

（这应该是你喜爱的题目）你在此之前进行了大量的准备，了解这家公司，组织几个原因，最好是简短而切合实际的。

（3）这个职位最吸引你的是什么？

（这是一个表现你对该公司、该工作看法的机会）回答应使面试官确认你具备职位要求的素质。

（4）你是否喜欢你老板的职位？

回答当然是"Yes"，若你不满意，可补充"当我有这个评测能力时"或"有这样一个空缺时吧"。

（5）你是否愿意去公司派你去的那个地方？

如果你回答"No"，可能会因此而失去这份工作。记住：被雇用后你可以和公司就这个问题再进行商讨。

（6）谁曾经给过你最大的影响？

选一个名字即可，最好是你过去的老师等，再简短说明原因。

（7）你将在这家公司待多久？

回答这样的问题，你该持有一种明确的态度，即能待多久待多久，尽可能长。

（8）什么是你最大的成就？

准备一两个成功的小故事。

（9）你能提供一些参考证明吗？

你该准备好一些相关的、整洁的打印件。

（10）从现在开始算，未来的五年，你想自己成为什么样子？或者，告诉我，你事业的目标是什么？

回答一定要得体，根据你的能力和经历来回答。

（11）促使你成功的因素是什么？

回答要短，让面试官自己去探究，比如"我喜欢有挑战性的工作"。

（12）你最低的薪资要求是多少？

（这是必不可少的问题，因为你和面试官出于不同考虑都十分关心它）聪明的做法是，不做正面回答。强调你最感兴趣的是这个机遇和挑战并存的工作，避免讨论经济上的报酬，直到你被雇用为止。

（13）你还有什么问题吗？

你必须回答"当然"。你要通过提问，了解更多关于这家公司、这次面试、这份工作的信息。假如你笑笑说"没有"（心里想着终于结束了，长长吐了一口气），那才是犯了一个大错误。这往往被理解为你对该公司、对这份工作没有太浓厚的兴趣；从最实际的考虑出发，你难道不想听听音试探一下面试官，推断自己有几成希望通过面试？这里有一些可供选择的问题：A. 为什么这个职位要公开招聘？B. 这家公司（这个部门）最大的挑战是什么？C. 您能否用一两句话简要为我介绍一下公司的长远目标和战略计划？D. 您认为这个职位的人应有什么素质？E. 决定是否雇用的大致期限是多久？F. 关于我的资格与能力方面，您还有什么要了解的吗？

3. 分享时刻

（1）辅导教师总结模拟面试的情况。

（2）大家就刚才的活动发表感想。

# 课后参考与思考

**【心灵花园】**

## SWOT 分析

SWOT 是四个英语单词的缩写，即 Strength（优势）、Weakness（劣势）、Opportunity（机会）、Threat（威胁）。一般来说，优势和劣势从属于个人自身，而机会和威胁则来自外部环境（包括组织环境和社会环境）。我们可以画一个表格，然后逐一分析，填写上自己的分析结果，运用 SWOT 分析法填写个人生涯规划表（见表 11-6）。

1. 优势分析——自己出色的地方，特别是比之于竞争对手的优势方面

（1）你曾经做过什么。

(2) 你学习了什么。
(3) 你最成功的是什么。
2. 劣势分析——与竞争对手相比处于落后的方面
(1) 性格弱点。
(2) 经验或经历中所欠缺的方面。
3. 机会分析——有利于职业选择和职业发展的一些机会
(1) 对社会大环境的认识与分析。
(2) 对自己所选企业的外部环境分析。
(3) 人际关系分析。
4. 威胁分析——存在潜在危险的方面
(1) 企业要重组？
(2) 走向衰落？
(3) 领导层发生变化？
(4) 竞争对手实力增强？

表 11-6  个人生涯规划表

| 姓名： | | 性别： | | | |
|---|---|---|---|---|---|
| 出生年月： | | 学历： | | 目前年龄： | 岁 |
| 出生地： | | 预测生存年龄： | | 尚余下年龄： | |
| SWOT 分析 | 优势： | | | | |
| | 劣势： | | | | |
| | 机会： | | | | |
| | 威胁： | | | | |
| 规划目标 | 职业愿景 | 职业类型 | | 职业名称 | | 具体岗位 | |
| | | 职业地域 | | 工作环境 | | 工作时间 | |
| | | 工作性质 | | 工作待遇 | | 工作伙伴 | |
| | | 职业发展期望 | | | | | |
| | 事业总目标： | | | | | | |
| | 家庭目标： | | | | | | |

资料来源：冯函秋. 大学生职业发展与就业指导［M］. 北京：科学出版社，2008.

**活动 11-6：电影欣赏——《当幸福来敲门》分享与讨论**

幸福之门要靠自己打开。——《当幸福来敲门》

《当幸福来敲门》这部影片讲述了一位濒临破产、妻子离家的落魄业务员，如何刻苦耐劳地承担单亲责任，奋发向上成为股市交易员，最后成为知名的金融投资家的励志故事。

男主人公是个聪明的医疗器械推销员，但在经济萧条时期，他的日子很不好过。每天奔波于各家医院和诊所，但医生们对他的骨密度扫描仪根本不感兴趣，因为这台仪器要比X光扫描仪贵出两倍。他的妻子无法继续忍受这样艰难的生活，撇下他和5岁的儿子出走。而这对父子的背运还没有结束，他们因为交不起房租而被房东扫地出门，有时甚至要在地铁的卫生间里过夜。男主人公决心转行为有机会获得高收入的证券经纪人，他的努力和智慧打动了证券公司的经理，最终，公司的几位合伙人决定给他一个机会，于是，他成为20个实习生之一。此后的半年实习期这对父子的生活将更加艰难，因为实习期没有工资，而20个实习生中只有一个能留下来。他们暂时还得依靠那几台骨密度扫描仪过活。最终，他成功当上了股票经纪人，并创办了自己的公司。

一个人通过自己的努力，可以实现自己的梦想，幸福会来敲门。很多人更关注梦想的树立，而忽略过程的艰辛。特别是当面对一个看似无望的结果的时候，有多少人会坚持，又有多少人会放弃呢？生活总是在不断地修正并提醒我们，顺应大潮的人总是更有可能抵达成功的彼岸。可是，确实是有些人愿意逆流而上。

# 参考文献

［1］董文强，谭初春. 大学生职业生涯规划［M］. 西安：西北工业大学出版社，2007.

［2］刘善球，张玉东. 大学生职业生涯规划与就业指导教程［M］. 长沙：中南大学出版社，2007.

［3］樊富珉，何谨. 团体心理辅导［M］. 上海：华东师范大学出版社，2010.

［4］刘嵋. 大学生班级团体心理辅导教程［M］. 北京：清华大学出版社，2009.

［5］张涤非. 论生命意识教育［D］. 开封：河南大学，2007.

［6］刘嵋. 校园心灵氧吧［M］. 济南：山东教育出版社，2010.

［7］常素芳，李明，卢慧勇. 生如夏花：大学生生命教育学概论［M］. 北京：清华大学出版社，2017.

［8］孙颖，侯振虎，饶芳. 大学生生命意义感的追寻［M］. 北京：中国社会科学出版社，2014.

［9］刘嵋. 校园心理剧团体心理辅导与咨询［M］. 北京：清华大学出版社，2016.

［10］王莎莎. 大学生生命价值观教育现状及对策［J］. 金华职业技术学院学报，2017（1）：47－50.

［11］吴静，杨晨. 大学生生命价值观的影响因素［J］. 西部素质教育，2019（20）：38－39.

［12］王敬川. 大学生生命价值理论与生命教育实践［M］. 北京：知识产权出版社，2017.

［13］刘嵋，张丽芳，王学红. 心理健康教育［M］. 北京：清华大学出版社，2015.

［14］叶华松. 大学生生命教育［M］. 杭州：浙江大学出版社，2011.

［15］常雪丽. 大学生生命意识存在的问题及对策研究［D］. 长春：长春理工大学，2019.

［16］陈姗姗，吴华宇. 大学生职业生涯规划与就业指导［M］. 重庆：重庆大学出版社，2014.

［17］孙耀胜. 当代大学生生命教育的认知与探索［M］. 北京：中国水利水电出版社，2019.

［18］王敬红. 新时代大学生生命价值观现状及教育对策研究［D］. 石家庄：河北师范大学，2020.